Disfruta de mis libros en amazon

BUSCANDO FANTASMAS

Miguel Ángel Segura

Editorial Segurama
www.miguelangelsegura.com

©Todos los derechos de edición reservados.
Segunda edición: Marzo 2020.

Editorial Segurama

Autor: Miguel Ángel Segura.
Maquetación: ©Miguel Ángel Segura.
www.miguelangelsegura.com

Imagen de portada: Fotolia.
Diseño de cubierta: ©Miguel Ángel Segura.

ISBN: 978-84-617-8154-6
IMPRESIÓN: Quares.

Todos los derechos de este libro están reservados, no se puede reproducir de forma parcial ni total en ningún formato sin la autorización expresa y por escrito del autor o editor. Esta publicación está sujeta a los términos legales correspondientes. Para solventar cualquier duda póngase en contacto con el editor o autor del libro.

IMPRESO EN ESPAÑA.

Dedicado a todas las personas que se han encontrado con el misterio en alguna ocasión.

Agradecimientos

Gracias, Miki; por darlo todo en los programas de radio y por brindarme tu amistad.

Gracias a usted estimado lector y seguidor de mi trabajo, por seguir con entusiasmo mis aventuras en el mundo del misterio y por leer mis libros.

Gracias a mi familia y amigos, por el soporte y el apoyo que me dan.

Aclaraciones

Parte de la información que aparece en este libro ha podido ser modificada para salvaguardar el anonimato de algunas personas y no perjudicar a nadie.

Lo que se redacta en este libro está basado en experiencias personales del autor, por lo cual es su interpretación de dichas situaciones lo que podrán leer en estas páginas. Es importante que sepan que cada persona, dependiendo de sus creencias, cultura, situación emocional, etcétera, puede llegar a interpretar de una forma u otra las experiencias que catalogamos como paranormales. Es por eso que el autor quiere dejar claro que él no es poseedor de la verdad más absoluta, y que los resultados de sus investigaciones pueden ser erróneos o malas interpretaciones, sobre todo si las comparamos con la visión de alguien totalmente opuesto a él, como podría ser una persona detractora o con la mente más cerrada en este aspecto.

El libro está dividido en dos partes. La primera contiene investigaciones y casos que hemos tratado en el programa de radio Crónicas Fantasmas (1ª temporada). En la segunda parte me centro en investigaciones realizadas en diferentes lugares, las cuales son bastante peculiares y, por qué no decirlo, terroríficas. Pronto entenderán el porqué.

Prólogo

En este libro dejaremos la historia de los lugares a un lado para centrarnos exclusivamente en sus misterios, como ya hiciera con otros libros. Por lo cual, estimado lector, el misterio está servido.

Antes de nada quiero contarles una historia que me sucedió hace unos meses en la puerta del cementerio de Matadepera, donde experimenté algo que cambió mi percepción de la vida y dio paso a que mis investigaciones tomaran un cariz diferente, para pasar de buscar el terror y los escalofríos, a centrarme en la búsqueda de respuestas más trascendentales y menos morbosas; desde entonces las comunicaciones con ese otro lado han sido más frecuentes y mucho más intensas, aunque en otros lugares, tiempo atrás, como pasó en el Tórax hace años, ya tuve experiencias similares. El libro «Hospital del Tórax: lo que nadie te ha contado» refleja exactamente lo que comento.

Un domingo por la mañana recibí la llamada de un amigo de la infancia con el cual hacía meses que no me veía, sin embargo, nuestra amistad perdura en el tiempo, aunque estemos un año sin vernos. Me propuso quedar aquella tarde para contarme una experiencia que había tenido el día anterior, así que me reuní con él y nos acercamos hasta la puerta del cementerio de Matadepera, donde hay un banco de piedra para sentarnos y la tranquilidad es absoluta. Allí se puede hablar cordialmente mientras se disfruta de los sonidos de la naturaleza.

Mi amigo me explicó que en la tarde del sábado estuvo varios minutos clínicamente muerto; tuvieron que reanimarlo. Todo ocurrió cuando se acostó a dormir la siesta y su madre entró en la habitación, y al ver que no reaccionaba llamó a la ambulancia. Minutos después consiguieron reanimarlo; al parecer se le había pasado el corazón. Mi amigo se negó a ir al hospital tras haber estado varios minutos clínicamente muerto. Según le dijo la doctora el fallo del corazón pudo deberse a que abusara de una bebida energética muy conocida y que lleva mucha taurina. Sea cual fuere la causa del suceso, esta persona tuvo una experiencia maravillosa durante los minutos que estuvo clínicamente muerto. Me lo explicó así: «Me vi fuera del cuerpo, flotaba encima de la habitación, pero esto duró tres o cuatro segundos, rápidamente se volvió todo oscuro, no veía nada, pero instantes después todo cambio. Estaba en un lugar precioso, era como una especie de prado, todo era más intenso que aquí, los colores parecían vivos, la luz del sol era mucho más clara y brillante, aunque no deslumbraba nada. Sentía una paz y una despreocupación total, no me importaba nada de lo que había dejado en la Tierra, sentía amor incondicional en estado puro, era como si no necesitara nada, ni siquiera comprender las cosas que hasta la fecha me habían preocupado como saber de dónde venimos y adónde vamos, ni siquiera me preocupaba el hecho de haber muerto o de no saber en qué lugar me encontraba. Es la sensación más maravillosa que jamás he sentido, no se puede definir con palabras. Mientras sentía dentro de mí esta felicidad absoluta vi como mis seres queridos ya fallecidos, se acercaban a unos metros de mi posición, sin embargo, se quedaron a una distancia considerable, el único que se pegó fue mi querido perro que había muerto hacía unos meses. Recuerdo que lo acaricié y él me dio unos lametones. Mis familiares me dijeron que no había llegado mi hora, que tenía que regresar a la vida. También me dijeron otras cosas que no recuerdo, es como si al volver a mi cuerpo se hubiesen esfumado de mi memoria.

Al abrir los ojos la doctora me preguntó que si me encontraba bien, y yo le respondí que perfectamente, pero que me daba rabia que me hubiesen reanimado. La mujer se quedó perpleja y me dijo que normalmente la gente no quiere dejar este mundo, entonces yo le comenté que eso les pasa porque son ignorantes y no saben qué es lo que hay al otro lado. La doctora me miró extrañada y entonces le dije su nombre y le expliqué todo lo que ella hacía cada día al salir del trabajo, incluso le hablé de lo que solía tomar en su casa cuando se ponía a ver su programa favorito de televisión. La doctora y el enfermero se quedaron impresionados en un primer instante, porque no daban crédito a lo que les estaba contando, y es que acerté en todo. La verdad es que no sé cómo obtuve esa información ni por qué la dije, quizá fue una prueba para ellos y también para mí, de que todo lo sucedido fue real».

Al terminar de escuchar la experiencia de mi amigo, el cual prefiere permanecer en anonimato, me contagié de sus sensaciones y comencé a notar esa paz y despreocupación de la que me había hablado. Minutos más tarde estaba flotando en una nube de felicidad, donde nada me preocupaba. No necesitaba encontrar respuestas a las preguntas que siempre me habían inquietado, ni siquiera temas como la enfermedad, las injusticias o el sufrimiento significaban un problema o una preocupación para mí. Veía este mundo como algo muy superficial, no sentía apego ni siquiera por mí mismo, veía la vida desde fuera, como si yo, Miguel Ángel Segura, fuese un objeto más que hay en la Tierra, sin sentirme identificado conmigo mismo, ni con lo que otros podían hablar o pensar de mí. Es como si yo fuese *el todo* y mi cuerpo tan sólo una pieza más de un puzle gigante, donde el resto de piezas eran igual de insignificantes que yo. Esa tarde experimenté la sensación más maravillosa que existe. Me sentí por encima de todo lo material, lo espiritual y todo lo conocido. Mi vínculo de unión con todo lo que tenía que ver con vida en la Tierra había desaparecido, sentía el mismo amor incondicional por todos los seres vivos, incluso por aquellos que me habían hecho mucho daño. No percibía diferencia alguna entre mis seres más queridos y aquellos que más había odiado, todos eran igual para mí y sentía el mismo amor por ellos. Además, no necesitaba tenerlos cerca para sentirlos a mi lado, es como si todos fuésemos uno y no necesitáramos estar juntos físicamente, porque formamos parte de la misma conciencia.

Es muy complicado de explicar, así que les pido disculpas si no he sabido expresarme, pero es que la experiencia no tiene nada que ver, ni siquiera se asimila, con otras que haya podido vivir en mi vida. Sólo les diré una cosa más con respecto a esta vivencia, y es que no tengan miedo a la muerte, vivan la vida felices y sin preocupaciones más allá de las necesarias. Una vez que dejen este mundo volverán a encontrarse con sus seres queridos y ningún problema ni situación de las vividas en este mundo tendrán la más mínima importancia. ¡No vivan preocupados! ¡Disfruten de la familia y los amigos! ¡Sean felices y disfruten del amor!

Crónicas fantasmas

A continuación podrá conocer algunas investigaciones realizadas para el programa Crónicas Fantasmas o expuestas en el mismo. Todas ellas han sido analizadas en profundidad en dicho programa y plasmadas en este libro para que usted, amigo lector, saque sus conclusiones al respecto.

Crónicas Fantasmas es un programa vía Podcast que presento junto a mi compañero y amigo, el periodista Miki Romagosa.

Fantasmas en Casa Lila

Comenzamos la temporada de Crónicas Fantasmas por todo lo alto, realizando una investigación paranormal en el lugar que me había dejado las sensaciones más interesantes de los últimos meses. Llegué a catalogar a la Casa Lila como uno de mis cinco enclaves favoritos dentro del misterio. Y es que mis experiencias en el lugar no habían sido para menos. Capté psicofonías impresionantes, tuve experiencias a nivel de ouija fascinantes, llegué a presenciar en varias ocasiones cómo el sensor de movimiento nos alertaba de extrañas presencias que nuestros ojos no podían ver; incluso llegue a ser testigo directo de una sombra negra que nos rodeaba mientras realizábamos una sesión de ouija. La misteriosa casa tenía, por tanto, todos los ingredientes necesarios para iniciar a lo grande nuestra aventura radiofónica con el programa Crónicas Fantasmas.

Aquel día nos acompañaron Sonia y Joe; los cuales participaron de forma activa en la investigación y en la grabación del programa.

Quisimos realizar la investigación durante el día para intentar demostrar que el mito que existe sobre que hay que investigar de noche, es falso. De hecho, estoy seguro de que una investigación diurna puede ser mucho más objetiva que una nocturna. Aunque también tenemos que tener en cuenta un factor importante: normalmente se investiga de noche para evitar que el ruido del entorno nos perjudique o moleste durante la investigación; al caer la noche siempre hay más calma y silencio. Sin embargo, si el lugar que vamos a investigar está alejado del casco urbano, siempre recomiendo investigar de día, puesto que así seremos más objetivos, a la vez que esquivamos algo tan contagioso como es la sugestión. Les pondré un ejemplo sencillo: si estamos en un pasillo y escuchamos un ruido, una voz o presenciamos algo visual, será mucho más complicado identificar su origen si es de noche. Durante el día tenemos muchas más posibilidades de atestiguar la causa que originó un fenómeno y, por consiguiente, nuestra investigación será más fructífera.

Poco conocemos de la historia de Casa Lila. Al parecer, la finca lleva varias décadas abandonada y no existe documentación en hemerotecas que aporten luz a su pasado, al menos yo no la he hallado. Lo que sí he podido constatar con casi total seguridad es que algunas de las leyendas que se cuentan sobre el lugar son falsas. Se habla de muertes, de las cuales no hay ni rastro en la prensa, por lo que seguramente formarán parte de una leyenda urbana que alimenta de sombras al viejo caserón.

Lo que sí parece ser una realidad rotunda es que en el sótano del edificio se han realizado rituales satánicos o de corte ilícito, con animales como víctimas. En algunas páginas de Internet, foros y redes sociales de diversos grupos e investigadores se hace mención a ello. Aunque, claro está, no podemos hacer caso absoluto a dichos comentarios sin hablar antes con los testigos, por eso, quise dar un paso más allá y corroborar la información. Como les digo, todo parece apuntar a que se han practicado rituales macabros en esa zona siniestra del caserón.

Comenzamos visitando el lugar por la planta superior. Desde el primer instante el sitio atrapó visualmente a mis compañeros, sobre todo por su rostro ruinoso y vandalizado.

Bajamos a la parte inferior donde expliqué a Sonia y Joe las historias que se contaban sobre el sótano; al parecer, como ya he comentado antes, ha sido escenario de rituales sangrientos con animales. Allí comenzamos con la investigación psicofónica, la cual nos dio algún resultado positivo que conoceremos unas líneas más adelante. Pero antes de exponer el tema de las voces paranormales quiero comentar un suceso que nos sorprendió en diferentes ocasiones. El detector de movimiento que llevábamos, comenzó a saltar de forma repetitiva una y otra vez, sin que nada ni nadie pasara por delante. El fenómeno se manifestó en diferentes zonas de la estancia, incluso en los aledaños del edificio. Nos topamos con estas manifestaciones durante casi toda la jornada de investigación, llegando a creer en momentos puntuales que el aparato estaba defectuoso, sin embargo, hemos podido comprobar que no es así. El detector de movimiento funciona perfectamente.

Uno de los puntos donde el aparato se descontrolaba es, ya de por sí, uno de los puntos calientes de Casa Lila, donde en ocasiones anteriores ya nos había sucedido lo mismo con otros aparatos. Además, no hemos sido las únicas personas que han vivido esta situación en esa zona, por lo que a priori parece quedar demostrado que dicho lugar esconde alguna extrañeza que provoca alteraciones en los detectores de movimiento.

A pesar del desconcierto que produjo el fenómeno provocado por el aparato, nosotros intentamos seguir investigando y realizamos varias sesiones de psicofonías, las cuales vamos a conocer a continuación.

—Estamos grabando en Casa Lila, donde era supuestamente el sótano y se han realizado rituales satánicos.
—*Sin respuesta (aunque se escucha un suspiro).*

—Ha saltado el sensor de movimiento en varias ocasiones, ¿Qué causa tiene?

—*Sin respuesta.*

—¿Podéis hacer que salte ahora mismo el sensor de movimiento?

—*Sin respuesta.*

—¿Dónde estáis?

—*Sin respuesta.*

—¿Cortamos la grabación?

—*Sin respuesta.*

Tras completar la sesión inicial de grabación aparentemente se coló un suspiro tras la primera pregunta, pero de todas formas no podemos darle validez absoluta puesto que estando en un lugar de tales características el sonido del propio entorno pudo provocar que la grabadora registrara esa especie de suspiro. De todas formas, mi intuición me dice que puede ser algo procedente de otra realidad.

Ahora vamos a conocer los resultados obtenidos en la siguiente sesión de grabación.

—Yo ya estoy grabando. Estamos en Casa Lila.

—*Sin respuesta (aunque saltó el detector de movimiento de forma inexplicable)*

—¿Quién hace saltar el sensor? Dinos tu nombre.
—*Sin respuesta (el detector vuelve a saltar solo)*

—Hola, ¿cómo te llamas?
—*Sin respuesta (el detector saltó dos veces de forma consecutiva)*

—¿Tienes algún mensaje para Crónicas Fantasmas?
—*Sin respuesta.*

—¿Te gusta mi libro «Hospital del Tórax: lo que nadie te ha contado»?
—*Sin respuesta (el detector empieza a sonar de forma repetida)*

—¿Paras el detector? es que no deja de pitar y se hace molesto.
—*Sin respuesta (el detector sigue pitando)*

—¿Puedes parar? ¡Para, por favor!
—*Sin respuesta (el detector dejó de sonar)*

La segunda ronda de preguntas psicofónicas, a pesar de

no aportarnos ninguna voz paranormal sí que nos dejó momentos emocionantes donde el detector de movimiento campó a sus anchas. El aparato parecía manifestarse con cierta inteligencia, como si una mano invisible lo activara o desactivara, llegando a interactuar con nosotros.

Al final de la grabación, el detector dejó de sonar a petición nuestra. ¿Casualidad? La verdad es que la experiencia es cuanto menos significativa.

Ahora vamos a conocer cuáles fueron las preguntas y respuestas de la tercera ronda de psicofonías.

—Continuamos en Casa Lila; en el sótano donde se realizaron supuestamente los rituales pero, hemos cambiado de posición, estamos en la otra parte del pasillo.
—*Sin respuesta.*

—¿Podemos escuchar ruidos, golpes, pasos o algo claro?
—*Sin respuesta (aunque se escuchan golpes que no oímos en directo)*

—¿Me ves?
—*Sí.*

—¿Me oyes?
—*Sin respuesta.*

—¿Me conoces?
—*Sin respuesta.*

—¿De dónde eres?
—*De aquí.*

—¿Te vienes?
—*Sin respuesta.*

—Cortamos la grabación.
—*Sin respuesta.*

La tercera sesión de grabación nos dejó dos registros a modo de voz y otro donde se pueden escuchar unos ruidos, casualmente, a petición nuestra, ya que preguntamos a las voces si podíamos escuchar ruidos claros. Estos sonidos captados en un nivel de volumen bastante alto no pudimos escucharlos en directo, por lo que el misterio se presentó ante nosotros una vez más. Con respecto a las voces captadas, la primera responde de forma afirmativa a la pregunta: ¿me ves? La segunda voz contesta de forma directa a otra incógnita que planteamos; quisimos saber de dónde era la entidad y, segundos después de formular la pregunta, aparece en la grabadora una respuesta clara: «*de aquí*».

Ahora vamos a conocer las reflexiones de los presentes,

tras finalizar la investigación psicofónica en Casa Lila.

—Miki: «Yo, particularmente, no tenía demasiados datos de este lugar antes de venir. He entrado tranquilo, pero en el momento que ha empezado a saltar el sensor de movimiento ya me he puesto un poco nervioso, como es lógico. También me he estado intranquilo ahora con las psicofonías que hemos registrado, algunas bastante claras y respondiendo a preguntas que hemos formulado».

—Miguel Ángel: «Yo estoy bien. Todas las veces que he venido aquí de día he estado tranquilo, incluso una vez que vine y puede ver claramente una sombra que rodeaba a los compañeros; siempre de día me noto cómodo. Hemos realizado sesiones de ouija y han saltado los detectores de movimiento, pero siempre que es de día me noto tranquilo. Sin embargo, por la noche el lugar se transforma y se siente miedo, como si algo negativo habitara en estos muros».

—Joe: «A mí me parece un lugar tranquilo, en ningún momento he notado la sensación de sentirme observado o que hubiese alguien más aparte de nosotros. Cuando ha saltado el detector en repetidas ocasiones tampoco he percibido intranquilidad, he estado cómodo desde el principio hasta el final».

—Sonia: «Para mí, aquí se respira tranquilidad, a pesar de que estamos en un sitio apartado de todo y también ha saltado el sensor en varias ocasiones y se han registrado psicofonías. Imagino que al ser de día todo esto no me crea una sugestión que me pueda poner intranquila».

Casa Lila, según mis experiencias en el lugar, es un enclave donde al caer la noche las sensaciones de terror, miedo y negatividad cobran vida con una fuerza rotunda, haciendo que sus visitantes perciban en sus carnes sensaciones extremas. ¡No hablo de sugestión!

También he podido comprobar en primera persona que indiferentemente de que asome el sol o la luna, los fenómenos paranormales se producen con la misma intensidad. En el mi libro «Investigación en lugares abandonados de Barcelona» dedico un capítulo a este lugar, contando experiencias sorprendentes a nivel de ouija, psicofonías y apariciones. Como dije anteriormente, estamos ante uno de mis lugares favoritos para investigar y vivir el misterio. Creo que acertamos incluyendo este caserón como el primer caso de Crónicas Fantasmas.

Haciendo una nueva reflexión, analizando el lugar con más profundidad y valorando mis visitas en todos estos años, puedo decir que Casa Lila es actualmente mi lugar favorito junto a Can Busquets. Hablo de los enclaves que a día de hoy se pueden visitar, pues existen otros escenarios como Torre Salvana y el Hospital del Tórax, que los pongo por delante, pero lamentablemente ya no se puede acceder a ellos.

Guardo por tanto gratos recuerdos y experiencias sorprendentes en esta maravillosa casa ubicada encima de un cerro, en Arenys de Munt.

Ahora conozcamos el siguiente lugar… ¿dispuestos a seguir investigando?

Fantasmas en los túneles del Tórax

En la parte trasera del Hospital del Tórax hay unos túneles que pertenecen a una antigua bóveda, donde aparentemente no ha sucedido nada trágico; su pasado parece no encerrar historias macabras, ni truculentas. Sin embargo, a día de hoy el lugar es frecuentado por investigadores y curiosos, los cuales aseguran que en su interior se producen fenómenos paranormales. Algunas personas hablan de apariciones, ruidos extraños, voces de origen desconocido y otros fenómenos que ponen la piel de gallina.

    El equipo de Crónicas Fantasmas decidió acudir una noche para realizar una investigación en vivo. Para ello fuimos provistos de varios aparatos y grabadoras que nos sirvieron para experimentar algunas situaciones insólitas. Y es que tanto Miki, como yo mismo, fuimos testigos de apariciones, voces extrañas, ruidos inexplicables y un suceso estremecedor donde pasamos auténtico miedo, sobre todo yo que pude notar a mi lado cómo algo invisible a nuestros ojos golpeaba de forma violenta unos alambres que hay en uno de los túneles. La experiencia fue sobrecogedora; estoy seguro de que el lector va a disfrutar mucho con este capítulo.

La noche estaba cerrada y el agua caía en tromba, aun así decidimos acudir al lugar, nuestra intención era vivir experiencias extremas, y una noche tan tormentosa podía aportarnos un aliciente extra en ese sentido. Creo que nadie está exento a la sugestión, ni siquiera alguien curtido en mil batallas como es mi caso. Por eso, la lluvia y el cielo encapotado podían ser factores sugestionables que nos hicieran percibir el miedo de forma más intensa. Por otro lado, disponíamos de aparatos que lógicamente no se sugestionan y pueden aportar veracidad a los fenómenos, por lo que la investigación, a pesar de que pudiéramos sugestionarnos, sería rigurosa si los aparatos captaban algo inexplicable o sufrían anomalías extrañas.

Comenzamos la investigación tras preparar junto al técnico el equipo de grabación del programa. A los veinte minutos de estar allí ya fuimos testigos de la primera situación extraña.

Ahora paso a relatar aquellos momentos más intensos que vivimos en el tétrico túnel.

Algo se desplaza

Pude ver en dos ocasiones algo que se desplazaba a pocos metros de mi posición. Concretamente sucedió en el túnel de la derecha, lugar donde teníamos instalada la base de operaciones. Era algo blanquecino que no tenía forma definida; parecía una especie de nube densa, muy similar a la que vi junto a otros compañeros en Torre Salvana, aunque aquella era negra.

Sensación de sentirnos acompañados

Percibimos extrañas sensaciones, como si hubiese más gente en el lugar a parte de nosotros. Incluso, en varias ocasiones nos llegamos a girar pensando que había alguien a nuestra espalda, pero nunca vimos a nadie. Esta sensación es muy frecuente en lugares donde acontece el misterio, aunque no podemos descartar que se trate de simple sugestión. De todas formas me resulta muy curioso que ambos percibiéramos lo mismo e, incluso, nos llegáramos a girar al mismo tiempo en diferentes momentos.

El detector de presencias salta solo

Durante la grabación del programa y el transcurso de la investigación, el detector de presencias saltó en repetidas ocasiones sin una causa aparente que le hiciera activarse.

Una de las veces que esto ocurrió fue realmente curioso porque nos acercamos hasta la posición donde estaba ubicado el aparato y al llegar a un metro de distancia dejó de pitar.

Hemos comprobado su funcionamiento en otros lugares y el aparato funciona correctamente, por lo que descartamos que esté defectuoso.

Un grito de mujer

En un momento determinado me percaté de un grito femenino que me dejó expectante. No sabía si realmente llegó a producirse o fue una falsa ilusión creada por mi mente. Así que, le pregunté al compañero para salir de dudas.

Miki que confirmó que también escuchó el grito. Tras el suceso continuamos grabado con total normalidad, aunque otros fenómenos comenzaron a hacer acto de presencia minutos después.

Una silueta blanca

Quisimos realizar un experimento de comunicación, y para ello nos colocamos cada uno en un túnel distinto, acompañados de un walkie talkie, con el cual estableceríamos comunicación mientras registrábamos una sesión conjunta de psicofonías. Al llegar al principio del túnel de la izquierda —el lugar más caliente en cuanto a fenómenos— pude ver con total claridad una silueta blanca que se desplazaba de un extremo a otro. La observé de forma tan clara que el miedo se apoderó de mí durante unos minutos.

A pesar de que estoy curtido en mil batallas, aquella experiencia me marcó mucho.

Minutos más tarde descubrimos que en el lugar donde desapareció la extraña silueta había un acceso tapiado que, seguramente lleva al Hospital del Tórax o la masía que hay más arriba.

Golpetazo en los alambres

Otro de los fenómenos de gran magnitud que presenciamos sucedió en esa zona de la izquierda donde multitud de testigos aseguran haber presenciado situaciones extrañas. También se dice que ese túnel trasmite sensaciones negativas a quienes se adentran en él. La cuestión es que me encontraba junto a Miki, cuando de repente, un fuerte golpe nos alertó. Justo a nuestro lado algo o alguien —a pesar de que estábamos solos— golpeó con extrema violencia unos alambres que hay sujetos a unas vigas de madera, dejándonos atónitos y sin poder hallar una explicación a lo sucedido. Recuerdo que ambos nos miramos resoplando, como diciendo que aquello empezaba a ponerse serio. Y es que no es para menos, el lugar se había transformado en una zona hostil y extraña.

Una sombra negra

Estábamos a punto de finalizar la investigación cuando presenciamos otro fenómeno de aparición, el cual pudimos observar ambos. En esta ocasión se manifestó en el túnel de la derecha, justo al final del pasillo. Lo interesante del suceso es que ambos coincidimos en todos los detalles: Una silueta negra con forma humana se desplazó de un lado a otro. Era un cuerpo extremadamente delgado y muy alto, el cual parecía caminar de lado, a un paso muy ligero. La experiencia puso el colofón final a una jornada de investigación que nos dejó momentos memorables.

Ahora vamos a conocer las diferentes sesiones de psicofonías que realizamos en el lugar. Algunas de las preguntas fueron contestadas, dejándonos un claro mensaje: en el enclave habitan inteligencias fantasmales.

Por cierto, anteriormente había podido realizar este tipo de experimento con otros compañeros, llegando a obtener resultados asombrosos, en los cuales aparecieron voces muy claras; algunas tan escalofriantes que provocaron que algunos de los presentes salieran de allí despavoridos.

Vamos a conocer la primera sesión.

—¿Conoces a alguien de los que estamos aquí?
—*Sin respuesta.*

—¿Cómo se llaman los dos técnicos que están hoy con nosotros en estos túneles?
—*Sin respuesta (se escuchan golpes extraños)*

—¿Por qué están selladas las puertas?
—*Sin respuesta.*

—¿Qué relación tiene este lugar con el Hospital del Tórax?
—*Sin respuesta.*

—¿Hay alguien más aparte de nosotros?
—*Sin respuesta.*

—Llévame la contraria y no hagas saltar el sensor de movimiento.
—*Sin respuesta.*

En la primera sesión nos encontramos con unos ruidos extraños que nos sorprendieron al escucharlos en el estudio, aunque si no ampliamos el sonido apenas se puede percibir con claridad, por lo que no podemos descartar que el origen sea terrenal, a pesar de que nosotros en directo no escuchamos nada.

Ahora vamos con la segunda sesión de preguntas. Para ello nos desplazamos al otro túnel; lugar más caliente según la experiencia de otros investigadores y la mía propia.

—¿El sensor ha dejado de pitar cuando nos hemos acer-

cado aquí porque tú has dejado de moverte?
—*Sí.*

—¿Quién eres y cómo te llamas?
—*Sin respuesta.*

—¿Quién le ha dado el palmotazo a los alambres?
—Sin respuesta.

—¿Hay alguien más aparte de nosotros aquí?
—*Sin respuesta.*

—Ahora me siento relajado, ¿sigues ahí?
—*Sin respuesta.*

—¿Estás tranquilo o estás nervioso?
—*Sin respuesta (se escucha un golpe)*

—¿Tenéis algún mensaje para los oyentes de Crónicas Fantasmas?
—*Sin respuesta (se escuchan pasos que se acercan)*

—Definitivamente me he quedado sin luz en la linterna.
—*Sin respuesta.*

—¿Ese túnel lleva al Hospital del Tórax?

—*No.*

Esta segunda ronda de preguntas nos dejó resultados más interesantes que la anterior. Captamos ruidos extraños, pasos que se acercaban hasta nuestra posición y dos respuestas coherentes a preguntas que previamente formulamos. De todas formas no fue una de las mejores sesiones de grabación que se han realizado en los túneles. Aun así podríamos definir este lugar como una zona muy atractiva para seguir trabajando en ella. De hecho, creo que al estar tan cerca del hospital se ha impregnado de alguno de sus misterios y secretos.

En una ocasión un médium me dijo que algunas de las entidades que habitaban en los túneles eran las mismas que residían en el viejo Hospital del Tórax. Yo soy bastante escéptico con el tema de los médium, pero en este caso concreto tengo la misma opinión que él, aunque con algunos matices y diferencias.

Ahora nos desplazamos a otros enclaves con misterio. Espero que estén disfrutando del libro tanto como yo.

Fantasmas en cementerios

Nuestro recorrido continúa por varios enclaves realmente apasionantes. Se trata de tres cementerios con misterio donde he sido testigo de experiencias asombrosas.

Los camposantos son lugares típicos donde los investigadores y curiosos del tema paranormal acuden en sus inicios como estudiosos de lo insólito. Sin embargo, a medida que su experiencia aumenta dejan de visitar estos lugares al darse cuenta de que lo inexplicable se puede manifestar con la misma frecuencia y rotundidad en otros enclaves. Y es que algunas personas se pueden sentir molestas si investigamos en cementerios, ya que creen que molestamos a los que allí descansan. Tengo que dejar claro que no es así; los investigadores mostramos siempre el mayor de los respetos por las personas que descansan en los camposantos y por sus familiares. Quienes perturban esa paz son los profanadores de tumbas y las sectas de corte ilícito, los cuales nada tienen que ver con nosotros, aunque los poco entendidos en la materia nos confundan con ellos, por desgracia.

Una vez que he dejado claro este asunto, es el momento de adentrarnos en el primer cementerio.

¿Está dispuesto a pasar miedo?

El cementerio de San José

Nos desplazamos hasta la localidad de Cádiz, para adentrarnos en el primer camposanto de los tres que vamos visitar.

Actualmente el cementerio está en desuso y todos los restos óseos fueron trasladados de camposanto. La intención del Ayuntamiento de Cádiz era construir en ese lugar un parque; «el parque del descanso».

Si hablamos de cementerios, éste de San José ha sido uno de los que más me ha impactado debido a los testimonios que he podido recopilar. Sobre todo al de Alfonso Cozar Romero; quien trabajó como vigilante en el recinto durante los años noventa.

Tenemos que tener en cuenta que este hombre, debido a su profesión, estaba acostumbrado a estar en completa soledad en lugares como cementerios, entre otros sitios. Además, antes de vivir las experiencias que vamos a conocer a continuación nunca había sido testigo de nada inexplicable, lo que puede aportarnos mucha fiabilidad a la hora de valorar su testimonio, ya que demostraría que no es una persona sugestionable.

Ahora vamos a conocer algunas de las experiencias que Alfonso me contó durante nuestras entrevistas.

Agresión física

El vigilante se encontraba en su garita una vez que el cementerio había cerrado sus puertas. Estaba viendo un programa de televisión cuando, de repente, empieza a escuchar un sonido extraño y observa cómo los papeles y objetos que hay encima de una mesa se empiezan a mover solos. La puerta y la venta estaban cerradas, por lo que en el interior de la estancia no corría nada de aire. Acto seguido, Alfonso nota cómo unas manos lo agarran por la espalda y lo tiran al suelo. El vigilante se levantó dispuesto a enfrentarse con el intruso que se había colado en el cementerio, pero al darse la vuelta fue testigo de que allí no había nadie. La puerta y la ventana seguían cerradas…

Una voz lo llama por su apodo

Alfonso acababa de cerrar las puertas del cementerio, y tras realizar la correspondiente ronda por todas las instalaciones, verificó que no quedaba nada el interior del camposanto. Sin embargo, se percató de algo extraño, aunque habitual en algunas ocasiones, y es que la escalera que se utilizaba para limpiar los nichos había desaparecido. Esto tiene una explicación, ya que algunas personas que se dedicaban a limpiar los nichos a cambio de una propina, en ocasiones la esconden en algún lugar del cementerio para evitar que alguien de su competencia la encuentre antes que ellos y le quite a la mañana siguiente el jornal. Por eso, Alfonso tenía la obligación de localizar la escalera y dejarla en el lugar que le corresponde. Tras más de una hora de búsqueda no la halló, y fue entonces cuando sucedió lo misterioso... El vigilante empezó a escuchar una voz lejana que decía: «primo... primo... tito... tito...». Nuestro protagonista se fue acercando al lugar de donde procedía la voz y, al llegar a un pasillo concreto se quedó perplejo. La escalera estaba en ese lugar desde donde procedía aquella misteriosa voz. Aunque hubo algo más sorprendente todavía, y es que allí estaba la tumba de su primo, quien había fallecido hace años.

Otro dato curioso que me explicó el vigilante es que a él lo apodan con el mote de «Tito». Alfonso no tiene duda de que aquella voz misteriosa que pudo escuchar era la de su primo fallecido.

La aparición de un chico

Una de las experiencias más sobrecogedoras que vivió Alfonso ocurrió a las tres de la tarde, una vez que el cementerio cerró sus puertas. Como siempre, hizo la ronda para comprobar que no había nadie en su interior, pero al llegar a la zona central del cementerio vio a lo lejos a un joven que le gesticulaba con la mano para que se acercase. El vigilante pudo identificar la ropa que llevaba, parecía un chico de carne y hueso, aunque algo pálido de cara. Cuando Alfonso se acercaba al muchacho lo perdió de vista un instante y al volver a mirar ya no estaba. El vigilante pensó que se había metido en uno de los pasillos; creía que esa persona que había visto era alguien que por despiste se había quedado encerrado en el cementerio tras haberse cerrado las puertas. Segundos más tarde, al llegar a lugar concreto donde había visto al chico anteriormente, pudo percatarse de algo que lo dejó estupefacto. Allí, en uno de los nichos de esa zona, había una fotografía del muchacho que, incluso, vestía con la misma ropa que el vigilante lo había visto. Alfonso presenció el fantasma de un muchacho vestido con ropa de marinero.

Fenómenos en la Capilla

En el lugar más sagrado del camposanto también sucedieron fenómenos inquietantes de los cuales el vigilante fue testigo. Recuerdo incluso que me comentó el propio Alfonso que llegó a hablar con el que por entonces era párroco de la Capilla para exponerle sus experiencias. El cura le dijo que no se preocupara, porque él mismo había sido testigo de situaciones similares. Al parecer, nuestro protagonista no fue el único que presenció fenómenos inexplicables.

Una de las situaciones más extrañas que ocurrían en la Capilla era que las velas que el vigilante encendía se apagaban solas, sin que hubiese corriente de aire en el lugar. También, en algunas ocasiones sucedía lo contrario: las velas que apagaba, se encendían solas. Otra situación extraña tenía que ver con la losa de una lápida que hay en el suelo de la Capilla, donde está enterrada una monja, a la que santificaron. Cuando Alfonso se podía encima de la losa —para encender algunas velas tenía que ponerse ahí— ésta comenzaba a temblar, y no dejaba de hacerlo hasta el vigilante se quitaba de encima o rezaba unas oraciones.

Los vecinos ven sombras

Actualmente algunos vecinos de los bloques de piso que hay enfrente aseguran que por las noches, cuando el cementerio está cerrado y vacío, se ven sombras que deambulan por el patio. La noticia me llegó a través de una persona cercana a mí que trabaja en Canal Sur Televisión y que se interesó por el tema para hacer un reportaje.

Por cierto, no lo hemos comentado, pero en el cementerio de Cádiz descansaban los cuerpos sin vida de cientos de personas que murieron de forma trágica en el año 1.947, debido a una terrible explosión que se cobró centenares de muertos.

Ahora vamos a conocer algunas de las psicofonías que

registré en el camposanto durante mis indagaciones. Aquel día me acompañó el ex vigilante de seguridad Alfonso Cozar Romero.

La expongo en formato diferente a como expliqué las anteriores de este libro. Creo que así se hará más ameno.

Psicofonía «Me quito»

Para realizar esta grabación nos ubicamos en la Capilla, concretamente encima de la losa donde en tantas ocasiones Alfonso había vivido experiencias extrañas. Su testimonio escalofriante relataba que dicha losa empezaba a vibrar cuando él se ponía encima y hasta que no rezaba unas oraciones no dejaba de hacerlo. Allí registramos una voz masculina y en tono grabe que dice: *«me quito»*.

Psicofonía «No te acogen, vete de aquí»

Esta psicofonía es una de las más claras y contundentes.

Una voz cantarina nos indica que no somos aceptados en el lugar y nos invita a marcharnos de allí. Les recomiendo que la escuchen en el programa Crónicas Fántasmas, mediante la plataforma de Ivoox. Se sorprenderán, es una voz tremenda y estremecedora.

Por cierto, nosotros no nos marchamos y continuamos realizando grabaciones. Nunca hay que sucumbir a las peticiones de estas entidades, sobre todo cuando lo que nos solicitan cohíbe nuestra libertad. Dios nos dio algo muy hermoso que es el libre albedrío, y nada ni nadie, tiene que mellar esto.

Psicofonía «Satán-mata»

Quizá la psicofonía más terrorífica de todas las que registramos en el camposanto sea ésta. Se escucha claramente una voz que dice *'Satán`*... y si le hacemos un reverse a la grabación, podemos escuchar claramente otra voz que dice *'mata`*. Nos quedamos estupefactos al escucharla en el estudio de sonido. A mí personalmente me dejó huella, y no es para menos.

Psicofonía «T´estimo»

Es muy curioso, pero en el cementerio de Cádiz registramos una voz en catalán. El único de los presentes que entendía el idioma era yo, a pesar de que en muy pocas ocasiones suelo hablarlo, por lo que me resulta muy extraño el hecho de registrar esta incursión paranormal. Lo habitual es captar voces en el idioma que los experimentadores suelen hablar frecuentemente, aunque también es cierto que en determinadas ocasiones se han captado voces en otros idiomas, pero suelen ser en momentos muy puntuales, como nos ocurrió en el Cementerio de San José.

El cementerio de Cádiz esconde muchos misterios. Para mí es uno de los lugares más inquietantes que existen dentro de la España Paranormal, sobre todo si viajamos en el tiempo unos años atrás, en los cuales el señor Cozar estuvo trabajando como vigilante de seguridad. Aunque a día de hoy, no podemos obviar el testimonio de algunos vecinos que aseguran que durante la noche se ven sombras que deambulan por el camposanto.

Ahora vamos a conocer otro cementerio que ha captado toda mi atención.

Cementerio en el Vallès

Vamos a omitir la ubicación exacta de este cementerio, pero diremos que está en la comarca del Vallès Occidental. El motivo que nos lleva a mantener el anonimato de este lugar es que hace años varios grupos de vándalos entraron en él y causaron algunos destrozos. No queremos que eso se vuelva a repetir, así que no diremos la ubicación. Si alguien quiere saber más sobre este lugar puede ponerse en contacto con nosotros.

A priori, parece un camposanto común, sin embargo, el lugar es idóneo para experimentar el misterio. A mis propias vivencias me remito.

Vamos a conocer algunas situaciones que me dejaron perplejo.

La ouija nos guía

Me encontraba realizando una sesión de ouija con Sonia

y José. Todo parecía transcurrir con normalidad en los momentos previos, hasta que el tablero nos indicó una letra y dos números 'B-12' (no recuerdo exactamente la letra y los números, pero creo que podrían ser estos, aunque no puedo afirmarlo), los cuales no llegamos a identificar con nada en esos instantes y pensamos que sería algo incoherente. Sin embargo, estábamos equivocados. Nuestro empeño por saber más sobre esta especie de código nos llevó a seguir insistiendo y formulando preguntas al tablero… Pasado un buen rato decidimos desistir de nuestro empeño puesto que no obteníamos ninguna otra respuesta que no fuese el extraño código.

Minutos más tarde, Sonia se percató de algo que nos puso la piel de gallina: B-12 era el nicho donde estaba enterrado un familiar suyo. La experiencia —o la casualidad— nos dejó perplejos.

La entidad nos da su ubicación

Me encontraba realizando una sesión de ouija junto a mi amigo José, cuando en el tablero apareció una entidad que nos dijo cómo se llamaba y dónde estaba su tumba dentro del cementerio. Procedimos a buscar el nicho por el número que nos había dado y, efectivamente, en la lápida aparecía inscrito el apellido que nos había dicho mediante la ouija. Fue otra de las muchas experiencias que he vivido en este camposanto tan misterioso, donde el fenómeno del tablero y el vasito resulta sorprendente a todos los niveles. Estoy convencido de que existen pocos lugares —al menos cementerios— con este potencial y esta energía para investigar la ouija.

Ahora vamos a conocer algunas de las psicofonías que se han captado en el camposanto. Han sido muchos los registros paranormales que se han registrado en este lugar. Personalmente he obtenido voces muy claras y evidentes que demuestran que en el interior de estos muros habitan inteligencias de otros mundos.

Psicofonía «Está bien»

Una voz masculina y metálica nos dejó un mensaje de consuelo, como informándonos de que estaba bien. Quizá pueda ser alguna entidad que nos conozca o quién sabe si se trata de un mensaje que quiere que demos a algunas persona en concreto. La cuestión es que estamos ante una voz que nos anima a seguir esperanzados con respecto a lo que puede esperarnos tras la muerte.

Psicofonía «Hola»

Una voz femenina, metálica y dulce, parece que nos saluda de forma amable en esta grabación. Suele ser bastante frecuente que en determinados lugares y momentos se registren voces de este tipo que te dan la bienvenida al lugar o te saludan. Es realmente curioso.

Psicofonía «Y qué ejerce»

Otra de las psicofonías registradas parece formularnos una pregunta. Lo más extraño es que parece no tener sentido con lo que se estaba hablando en esos momentos, por lo cual podemos creer que estamos ante una voz anclada en el tiempo, como un eco del pasado. De todas formas, intentar buscarle el sentido a este tipo de picofonías es complicado, puesto que desconocemos su verdadero origen.

Psicofonía «Ven»

Una voz masculina parece llamarnos desde la distancia. Aunque tampoco podemos asegurar que se trate de un mensaje para nosotros, sin embargo, en esta ocasión concreta intuyo que quizá sí pueda serlo, sobre todo porque nos hallábamos buscando evidencias de tipo paranormal, tras haber vivido previamente algunas experiencias curiosas.

No sería la primera vez que una entidad del otro lado me llama o me da indicaciones. Uno se siente afortunado cuando contempla que estas voces interactúan consigo mismo.

El cementerio del Vallès fue durante mucho tiempo uno de mis camposantos preferidos para investigar el misterio. Es una lástima que a día de hoy haya cerrado sus puertas. Estoy seguro que muchas otras personas han experimentos en su interior situaciones dignas de cualquier película de terror o ciencia ficción. A día de hoy, me quedo con el recuerdo de mis vivencias, esperando que en el futuro vuelvan a abrir sus puertas las 24 horas, como lo estaba antes.

El misterio no entiende de horarios, pero los camposantos como éste, sí.

Ahora nos desplazamos a otro cementerio apasionante, del cual ya he hablado en otros de mis libros y donde vivimos situaciones surrealistas y desconcertantes.

Cementerio de Sant Llorenç

En el cementerio de Sant Llorenç, hace años un grupo de chicos de la zona registraron voces psicofónicas en su interior.

Desde aquella noche las leyendas han surgido entre algunos aficionados al misterio, aunque no son demasiados los que tienen conocimiento de ello.

Actualmente el lugar se encuentra cerrado, pero esto no es ningún impedimento para que se siga experimentando con lo extraño. Fuera del camposanto hay una zona boscosa y una habitación sin techo donde podemos encontrar restos de cajas quemadas.

Según la leyenda y la experiencia de algunos investigadores, entre los cuales me puedo incluir, en esa zona de ataúdes parece habitar algún tipo de inteligencia negativa, además de otras menos hostiles que rondan por el exterior del cementerio.

Desconozco si dentro del camposanto suceden hechos paranormales, puesto que nunca he entrado.

He investigado el cementerio por sus zonas externas en diferentes ocasiones, siendo una de las últimas veces cuando acudí con el equipo de Crónicas Fantasmas y con algunos otros acompañantes.

Voy a explicar mis experiencias más curiosas en el lugar y comentar algunas de las psicofonías más impactantes que hemos registrado.

Las luces del coche se descontrolan

Una de las experiencias más extrañas me sucedió junto a un compañero que suele venir conmigo en ocasiones, aunque cuando voy con él, más que ir a investigar vamos a dar una vuelta y visitar sitios abandonados. La cuestión es que aquella noche sucedió algo muy extraño: el cuadro de luces interior del vehículo empezó a volverse loco; la luz se encendía y se apagaba de forma repetitiva sin que la llave estuviese puesta en el contacto… antes de vivir esta situación inexplicable habíamos registrado algunas voces paranormales en su grabadora… ¿Qué pasó? Sinceramente a día de hoy sigo sin hallar una explicación a lo sucedido, a no ser, claro, que estemos ante una manifestación de tipo paranormal, que parece ser lo más probable.

En ocasiones —muchas— la causa paranormal y los fantasmas se manifiestan de esta manera. Quizá jueguen con nosotros o a lo mejor necesitan absorber energía de nuestros mecanismos, o quién sabe si quizá su propia energía provoca alteración en nuestros campos energético. La verdad es que es todo un misterio.

Luces en la fachada del cementerio

Otra noche, mientras observábamos la fachada del cementerio y realizábamos algunas grabaciones psicofónicas, comenzamos a ver destellos de luz que se manifestaban en el muro exterior del cementerio. Pocos minutos después, esos destellos se transformaron en círculos lumínicos.

Lo más extraño es que es imposible que esas luces procedan de coches, casas o personas que están escondidas, puesto que la zona boscosa donde se halla el camposanto es una explanada, y las casas están bastante lejos del lugar.

Aquellas luminarias no tienen explicación racional.

El fenómeno estuvo campando a sus anchas y manifestándose durante un buen rato, y lo hizo de forma intermitente.

Pasos que se acercan

Han sido varias las noches en las cuales hemos escuchado el sonido de pasos que se acercan hasta nuestra posición, sin embargo, nunca hemos visto a nadie, incluso, ni siquiera en aquellas ocasiones en que los pasos sonaban justo a nuestro lado. Era como si alguien invisible caminase junto a nosotros. Les aseguro que vivir una situación tan escalofriante como ésta, estremece a cualquiera, incluso, a personas como nosotros que estamos acostumbrados a vivir el misterio de cerca.

El detector se vuelve loco

La jornada en que acudimos con Crónicas Fantasmas nos sucedió de todo. Lo más impactante fue lo ocurrido con el detector de movimiento, el cual nos alertaba de presencias invisibles a nuestros ojos. Llegamos a pensar que el aparato estaba defectuoso, ya que lo sucedido era muy similar a lo que pasó en Casa Lila. Sin embargo, en el cementerio se produjo algo más sorprendente que, unido al fenómeno del detector, nos dejó claro que en el lugar habitaban inteligencias que no podíamos ver. En varias ocasiones escuchamos pasos en el lugar donde estaba el detector, justo antes de que éste pitara. Aquello dejó a los presentes temblando, sobre todo a los más sugestionables, aunque el resto tampoco nos quedamos impasibles. La tensión se apoderó de todos nosotros... Intente ponerse en nuestra piel por un instante; ¿pasaría miedo? Nosotros lo pasamos francamente mal en algunos momentos.

La estancia del mal rollo

Cada vez que he acudido a los aledaños del cementerio me he acercado hasta la estancia del mal rollo. Se encuentra en un lateral del camposanto y está abierta, no tiene puerta, ni techo. La verdad es que allí dentro se respira un ambiente muy negativo y terrorífico, incluso, hay ocasiones en la que el resto del entorno se impregna de esas sensaciones.

Recuerdo que una vez me acompañó mi amigo Pol, y que no se atrevió ni a acercarse.

Este compañero es sensitivo y percibe cosas que normalmente personas como yo no somos capaces de sentir. Sin embargo, aquel día yo también pude notar el ambiente hostil y malvado que sale del interior de la estancia. Creo que fue la única vez que no llegué a poner un pie dentro… de hecho, me quedé a varios metros de la puerta. La sensación era tan negativa que podías percibir un mal rollo abrumador.

Fui consciente de que en ese lugar concreto habitaba una entidad negativa y, seguramente, con un grado de maldad absoluta.

Cada vez que acudo al camposanto percibo sensaciones oscuras que emanan de esa estancia, y en ocasiones se hace complicado entrar dentro, pero menos en aquella jornada con Crónicas Fantasmas, siempre he tenido la "valentía" de investigar en su interior.

En el tema psicofónico, las experiencias no han sido para menos, como ahora podrán comprobar.

Los resultados suelen ser muy satisfactorios, por lo que el camposanto se ha convertido en uno de mis lugares predilectos a la hora de experimentar con este fenómeno.

Les invito a conocer algunas de estas incursiones paranormales, las cuales no les dejarán indiferentes y, además, les sorprenderán por su contenido y sus mensajes, siendo bastante opuestos a las experiencias que han podido leer anteriormente.

Psicofonía «Somos amigos»
Ante la sensación de terror que trasmite el lugar decidimos formular una pregunta enfocada en saber si las entidades eran hostiles. La respuesta nos sorprendió de forma grata, ya que la voz se presentó ante nosotros como amiga, dejándonos claro que los fantasmas, al menos algunos de ellos, eran nuestros amigos. Y es que a pesar de lo que algunas personas creen, en ese otro lado todo lo que habita no es malo. Más bien hay una mezcla de todo (bueno, malo y regular), como ocurre en nuestro mundo material.

Psicofonía «No somos muertos»
Una de las eternas dudas sobre el origen de las voces psicofónicas es saber si son muertos o no. Por eso planteamos esa incógnita en una de nuestras preguntas. La respuesta parece evidente: «no son muertos».

Ahora la cuestión, de ser cierto este mensaje, sería saber

quién se comunica realmente a través de nuestras grabadoras.

Mi experiencia me dice que son inteligencias que habitan en otro plano dimensional, pero no sé si son difuntos o formas de vida diferente a la nuestra y que nunca han sido, ni serán, terrenales. Habrá que seguir investigando.

Psicofonía «Hola Miguel»

En el programa Crónicas Fantasmas comentamos en varios momentos el hecho de que en ocasiones las voces paranormales se presentan ante nosotros mencionando nuestro nombre. En el cementerio de Sant Llorenç nos sucedió esto precisamente.

Una voz femenina me saludó llamándome por mi nombre. Fue realmente curioso. Aunque tengo que reconocer que a lo largo de mis años como investigador he captado numerosas psicofonías que mencionan mi nombre. Seguro que recuerdan aquella famosa que registré junto al programa Cuarto Milenio, que dice «a ti, Miguel», ante la pregunta de si conocían a alguno de los que estábamos allí.

Psicofonía «No molestáis»

Popularmente se cree que si realizas investigaciones paranormales molestas a las inteligencias que habitan en ese otro lado. Yo nunca he compartido esta teoría, porque mi experiencia me dice claramente que no es así. Tú puedes buscar la comunicación, pero siempre depende de ellos establecerla o no. Por lo tanto, es absurdo creer que los molestas. Eso sería como decir que molestamos a los pájaros que se posan en los árboles si les silbamos.

Una noche registramos una voz que nos dejó clara esta cuestión: «no molestáis».

Hemos conocido tres cementerios de los cuales hemos hablado en el programa Crónicas Fantasmas y que a su vez me han parecido muy interesantes de investigar.

Ahora toca seguir a través de otros enclaves. Si les parece nos desplazamos hasta el hotel de las brujas, un lugar que visitamos con todo el equipo del programa.

Fantasmas en el hotel de las brujas

Esta nueva localización se encuentra cerca de la localidad de Sant Celoni. Se trata de un viejo hotel que está en estado de abandono, y a pesar del vandalismo que ha sufrido, la mayoría de estancias se conservan bien, aunque la última planta es un poco más peligrosa que el resto del edificio.

Estamos ante un lugar en el cual se me haría complicado pasar una noche en completa soledad, puesto que sus muros sugestionan mucho, sobre todo cuando la noche reina en el entorno. De hecho, algunos de los pasillos de este hotel recuerdan mucho al Hospital del Tórax, según comentan algunos visitantes que se han adentrado en ambos enclaves.

Los resultados obtenidos aquí tampoco han sido espectaculares del todo, pero sí podemos considerarlos como aceptables; lo que nos invita a seguir investigando el lugar.

Vamos a conocer algunas de las experiencias que hemos vivido en el hotel de las Brujas.

La ouija nos sorprende

Realizamos una investigación en directo a través de las redes sociales en la cual los internautas podían interactuar con nosotros en todo momento, para pedirnos que realizáramos un experimento concreto o planteáramos una pregunta mediante ouija o psicofonía. Lo que sucedió durante la jornada fue realmente interesante, sobre todo un par de experiencias concretas. La primera fue que obtuvimos una palabra extraña en el tablero que no sabíamos identificar; entonces, un internauta buscó información y halló la respuesta que ansiábamos. Se trataba del nombre de una empresa que funcionaba en los años 80 y 90, dedicada a montar hoteles en Cataluña. Aquello nos llamó mucho la atención, y tras reflexionar sobre este dato, continuamos con la investigación.

El segundo suceso curioso es que la ouija nos dijo que fuésemos hasta la habitación 305, que allí había otra entidad esperándonos. Nosotros desconocíamos si había alguna estancia que tuviese ese número, así que comenzamos a buscar por las diferentes plantas hasta que la encontramos. Una vez el interior continuamos con la investigación, pero allí dentro no registramos nada extraño... ¿Realmente había una entidad esperándonos? Esa es la pregunta que todos nos planteamos al comprobar que, absolutamente nada paranormal, se manifestó ante nosotros. Un rato después, cambiamos de ubicación.

El detector de presencias salta solo

Como ya nos ocurriera en otros enclaves, el detector de movimiento saltó solo en varias ocasiones sin que nada visual pasara por delante. No fue algo demasiado continuo si lo comparamos con Casa Lila, por ejemplo; pero sí que registró varias veces una serie de presencias que ninguno de los presentes logramos ver.

Pasos en el pasillo

La primera noche que visité el lugar fui testigo junto con mis compañeros del sonido de pasos, los cuales se producían en el pasillo que teníamos al lado, mientras nosotros realizábamos grabaciones de psicofonías en el interior de una habitación.

Salimos en repetidas ocasiones al lugar de donde procedían dichos sonido, pero nunca vimos a nadie. Todos terminamos convencidos de que se trataba de algo inexplicable.

Golpes en las paredes

En otra ocasión escuchamos golpes secos y duros en las paredes de la habitación donde nos encontrábamos investigando, como si alguien pegara puñetazos a la pared. En el lugar no había nadie a parte de nosotros, por lo que las sensaciones llegaron a ser algo extremas en determinados momentos. A estos fenómenos tampoco le hallamos una explicación racional, por lo que el hotel se estaba convirtiendo en un lugar propicio para realizar investigaciones de este tipo.

Ahora vamos a conocer varias de las psicofonías que hemos podido captar en este enclave. Algunas son muy interesantes, nos sirven para reflexionar sobre ellas y sobre su contenido.

Psicofonía «Durmiendo»

Ante nuestra pregunta de qué estaban haciendo, una voz respondió de forma clara y con coherencia: *durmiendo*. Todo parece tener sentido, puesto que nos encontramos en un hotel.

En ocasiones suele ser común que se registren voces que tienen que ver con el entorno donde se realiza el experimento psicofónico. Y esta inclusión paranormal es un claro ejemplo de ello. Aunque no podemos olvidarnos de que no sabemos quién responde desde ese otro lado, ni tampoco si mienten o nos dicen la verdad. Por eso, debemos ser cautelosos y coger con pinzas este tipo de resultados.

Psicofonía «Hace frío»

En otra ocasión conseguimos captar una voz que ratificaba lo que todos notábamos en el interior de la habitación: frío. Fue una grabación registrada mientras manteníamos silencio, sin que nadie realizara ninguna pregunta. Sin embargo, una voz femenina actuó con coherencia y determinación. ¿Es posible que esas entidades sientan el frío o el calor igual que lo sentimos nosotros?, ¿o por el contrario sólo intuyen la temperatura observando nuestras reacciones y escuchando nuestros comentarios? Es un dilema que todavía no tengo claro. ¿Qué opina usted?

Psicofonía «Largaros de aquí»

Tras escuchar unos pasos muy claros realizamos una sesión de psicofonías para ver si registraba alguna voz extraña. Segundos más tarde de iniciar la prueba, conseguimos captar una voz masculina y un tanto tosca que, de forma poco amable, nos invitaba a abandonar el lugar. Bueno, más que invitarnos a hacerlo, aquello era una orden con tono amenazante.

A pesar del mensaje, continuamos en el hotel realizando más experimentos. Por suerte, aquella amenaza se quedó sólo en eso. La cosa no llegó a más, aunque no es menos cierto que el hecho de haber registrado esta incursión psicofónica condicionó a algunos de los presentes que, durante el resto de la jornada estuvieron algo incómodos.

A mí personalmente, por mucho que me impacte alguna psicofonía, no suele condicionarme. Quizá el hecho de haber registrado miles de voces paranormales en estos años me haya curtido. No lo sé.

Psicofonía «Sois extraños»

En la primera planta, apenas registramos cosas extrañas

aquel día, por lo que procedimos a preguntar en una de las rondas psicofónicas si había algún motivo por el cual no se manifestaran los fenómenos. La respuesta fue curiosa, ya que nos dijeron que éramos extraños. Sin embargo, también lo éramos en otras estancias del edificio, pero allí sí que se producían manifestaciones paranormales, por lo que la respuesta registrada tampoco nos aclaró las dudas.

El hotel de las brujas es un lugar que se ha puesto de moda a raíz de la publicación de uno de mis libros «La Barcelona extraña». Sin embargo, a día de hoy sigue siendo un enclave inexplorado en profundidad, a pesar de que cada vez son más los amigos del misterio que indagan en él.

Son muchas las experiencias vividas allí, sin duda.

Parece que cuando un lugar es medio virgen en cuanto a investigación se refiere, los primeros aventureros que se disponen a experimentar con lo paranormal son, a priori, los que perciben las sensaciones más extremas y los resultados más satisfactorios. De todos, si el enclave se explota de forma constante a nivel de investigación, el lugar puede llegar incluso a superar el grado de manifestaciones que aportaba en sus inicios. Esto se debe a que experimentar con lo paranormal abre puertas a otras realidades, las cuales pueden llegar a potenciar la magnitud de fenómenos que acontecen en un sitio.

Estoy convencido de que dentro de unos años este edificio se convertirá en uno de los lugares más atractivos para los aficionados a lo paranormal y los exploradores urbanos.

Si les parece bien, les invito a sumergirnos en un capítulo del libro muy especial, puesto que mezclamos el tema de ouija y el Hospital del Tórax.

Sobre este asunto realizamos un especial en el programa Crónicas Fantasmas.

Fantasmas y la ouija en el Tórax

La ouija es por excelencia la práctica más castigada que existe por la leyenda y la superstición dentro de todas las actividades que se realizan dentro del mundo de lo paranormal. El cine, la televisión, los libros incluso, han hecho mella en este asunto, convirtiendo un fenómeno tan apasionante como éste, en algo aparentemente terrorífico y malvado. Sin embargo, la realidad no es tan macabra como nos pintan. Para que se hagan una idea de lo que comento, expondremos varias transcripciones de ouija realizadas en el viejo hospital, con el fin de que comprueben que tras el tablero no se hallan siempre entidades o seres malignos. En ocasiones, al otro lado se comunican inteligencias buenas y amables.

Pueden ampliar esta información en el libro «Hospital del Tórax: lo que nadie te ha contado».

Estoy completamente convencido de que practicar la ouija es un riesgo enorme, por supuesto, pero también tengo claro que no siempre el trasfondo o las comunicaciones derivan en algo oscuro o negativo.

La ouija puede convertirse en la mejor de las experiencias o en nuestra peor pesadilla; todo depende en gran parte del experimentador.

Ouija con Petra

La primera transcripción que vamos a poder leer tuvo lugar en la planta nueve del hospital. Aquel día me acompañaban tres amigos del barrio con los cuales había realizado alguna que otra sesión anteriormente, siendo los resultados hasta el momento bastante negativos. Sin embargo, aquella noche en la novena planta las cosas cambiaron de forma repentina y, una apasionante sesión tuvo lugar.

—¿Quién eres?
—*Soy tu amiga Petra, Miguel.*

—Me alegra encontrarte aquí de nuevo. ¿Qué nos vas a explicar hoy?
—*Quiero hablaros del amor.*

—¿Del amor?.. Bueno, pues tú dirás.
—*En este mundo actual, la falta de amor entre los seres vivos se ha convertido en un terrible problema. La gente carece de empatía y solidaridad. Las personas sólo miran*

por ellas y para ellas, sin importarles los males ajenos. Cuando alguien protesta por una causa generalmente es porque esa causa le afecta a ellos, sin embargo, antes de que eso les incumbiera, pasaban de defender la causa, y es que los hombres y las mujeres de este mundo, son así. El ser humano se deshumaniza cada vez más.

—Esta cuestión no deja de ser un misterio, ¿verdad?

—*Dice la gente que lo que se esconde al otro lado es un misterio; para quienes estamos en ese otro lado, el misterio más grande que existe es el comportamiento extraño de las personas que conforman vuestra sociedad.*

—¿Es posible que la gente cambie algún día?

—*Sí, cambiarán cuando dejen ese mundo y vengan al lugar donde les corresponda. Entonces, en el otro lado empezarán a darse cuenta de que lo importante en la vida no es el dinero, ni el poder, ni la fama, ni tampoco los lujos; lo importante es el amor, la compasión, la bondad y todas esas cosas que antes obviaban.*

—Algunas personas deberían leer esta conversación que tenemos mediante el tablero, ya que hay muchos ignorantes que creen que realizar la ouija es un acto satánico o diabólico.

—*Por mucho que lean la conversación, hay personas que*

nunca cambiarán su forma de pensar. El ser humano vive aferrado a su ego y éste le hace creerse poseedor de la verdad más absoluta.

Ouija con Rosa

Otra de las entidades que solían aparecer en sesiones de ouija se presentaba con el nombre de Rosa. La presencia nos aseguró que había trabajado como enfermera en el sanatorio, sin embargo, nunca pudimos comprobar este dato, puesto que fueron más de cien las monjas que estuvieron allí afincadas.

La transcripción que podrán leer a continuación tuvo lugar en la Capilla del hospital.

—¿Hay alguien ahí?
—*Sí. Soy Rosa.*

—Siempre estás en la Capilla, ¿tanto te gusta este lugar?
—*Sí, es una de las zonas con más energía del sanatorio.*

—¿Lo frecuentabas mucho cuando estabas viva?
—*Sigo viva, aunque vivo de otra manera que vosotros aún no conocéis. Pero sí, cuando era como vosotros y trabajaba aquí solía venir mucho a la Capilla.*

—¿Eras muy religiosa?

—*Claro que sí. Lo de monja era pura vocación.*

—¿Al morir vamos al cielo del que habla tu religión?
—*No puedo responder a esta pregunta. Supongo que la respuesta debe hallarla cada uno en el momento oportuno.*

—¿Tenemos que tenerle miedo a la muerte?
—*En esta vida no hay que tenerle miedo a nada, puesto que nada dura eternamente. Lo que sí es importante es hacer el bien y no dañar a los demás.*

—¿Seguirás mucho tiempo anclada a este hospital?
—*Eso no lo sé. Yo no pongo las normas, para eso está el Ser Supremo.*

Ouija con Fernando

En la planta tres realizamos numerosas sesiones de ouija, como en el resto de estancias del hospital. Muchas de ellas nos sorprendieron por sus mensajes y por la inteligencia que mostraban las entidades mediante el tablero. Una de las más especiales fue la que transcurrió una noche en la cual se presentó ante nosotros una inteligencia que decía llamarse Fernando. Su testimonio fue muy interesante.

—¿Alguien quiere comunicarse con nosotros?
—*Sí.*

—¿Quién eres?

—*Me llamo Fernando y fui paciente del hospital.*

—¿Falleciste en este lugar?

—*No.*

—¿Y qué haces aquí?

—*En el hospital pasé momentos muy buenos, por eso, al fallecer vine aquí. Cada vez que recorro estos pasillos siento una felicidad enorme.*

—¿Estás prisionero en este lugar o puedes irte cuando quieras?

—*Soy libre de marcharme cuando quiera, pero me gusta estar aquí.*

—¿Tienes familia viva?

—*No.*

—¿Al fallecer viste a tus seres queridos?

—*Sí. Ahora cada uno está donde le corresponde. Al finalizar el ciclo del renacimiento volveremos a reencontrarnos.*

—¿Entonces no sientes pena por estar sin ellos?

—*No mucha. Sé que cuando todo termine pasaré la eternidad con ellos, y todo este tiempo hasta entonces, compa-*

rado con la eternidad, será como un solo segundo.

Ouija con Manuel

La transcripción que vamos a leer a continuación es de una sesión que realizamos en los laberintos del hospital. Este lugar estaba en la planta nueve. Actualmente esa zona la han derruido para convertirla en una preciosa terraza.

Aquella noche, una entidad se presentó ante nosotros con el nombre de Manuel.

—¿Cómo te llamas?
—*Manuel.*

—¿Has muerto aquí?
- *No estoy muerto.*

—¿Estas vivo?
—*Sí. Ahora mismo estoy durmiendo plácidamente en mi cama.*

—¿Me das tu número de teléfono para que te llamemos?
—*Despertarías a mi mujer y a mis hijos. Prefiero no dártelo.*

—No te preocupes, te llamamos mañana a medio día. ¿Nos lo das?

—*No me fío de vosotros. Prefiero no hacerlo.*

—¿No te podemos convencer de ninguna manera?
—*No.*

—Bueno, pues cuéntanos algo sobre ti.
—*Soy comercial en una empresa del sector del metal. Me apasiona la música de los ochenta y soy futbolero a más no poder.*

—¿No se te hace raro estar hablando con nosotros mediante un tablero de ouija?
—*Es lo más normal del mundo, pero si estuviera despierto sí que lo vería raro. Esto pasa porque luego al despertarnos nunca nos acordamos de nada, pero este tipo de situaciones y otras muy similares se dan a diario.*

Ahora vamos a conocer algunas de las psicofonías que emitimos en Crónicas Fantasmas y que fueron registradas en el hospital del Tórax durante sesiones de ouija.

A las voces registradas durante este tipo de prácticas con el tablero se les conoce con el nombre técnico de «ouijafonías».

He podido comprobar en todos estos años de investigación que si realizamos una sesión de ouija, se registran más cantidad de psicofonías y de mejor calidad. Sin embargo, muchas de estas voces se muestran contrarias a lo que aparece en el tablero. Por ejemplo, ante una pregunta registramos una respuesta negativa en la grabadora, mientras en el tablero la contestación ha sido afirmativa. Desconozco por qué ocurre esto, sólo sé que en muchas ocasiones sucede.

Psicofonía «Huid»

Una de las compañeras preguntó a las voces si le querían decir algo, y una voz infantil respondió acto seguido con un mensaje que estremece. La grabación se obtuvo en la Capilla del hospital durante una de las muchas sesiones de ouija que hemos realizado allí.

Psicofonía «Miguel, ven»

Durante una sesión de ouija una de las grabadoras registró una voz clara que contenía, supuestamente, un mensaje para mí. La cuestión es saber adónde quería la voz que fuese. ¿Quizá al otro lado con ella? Esta pregunta es mejor que la resuelva cada uno de ustedes bajo su propio criterio. Yo no tengo respuesta para solventar esta incógnita.

Psicofonía «¿Puedo inmolarme?»

Una de las famosas psicofonías de Cuarto Milenio se registró en la Capilla durante la sesión de ouija que realizamos para el programa de Cuatro. El mensaje es terrible y pone la piel de gallina. ¿Cómo es posible digerir algo así? Tenemos que tener en cuenta que a escasos metros de donde se captó esta voz se encuentra el patio donde la mayoría de suicidas caían tras lanzarse de las ventanas del edificio. Este ha sido uno de los registros más estremecedores que he registrado en mis años como investigador del misterio.

Podríamos hablar de la relación que existe entre ouija y Hospital del Tórax en el resto de páginas que tiene el libro, pero lo mejor es que sigamos con este compendio de casos e investigaciones que hemos tratado en el programa de radio Crónicas Fantasmas. Si desean profundizar en el tema del hospital les recomiendo especialmente dos libros: «Investigación en el Hospital del Tórax» y «Hospital del Tórax: lo que nadie te ha contado».

OTRAS INVESTIGACIONES

Fantasmas en el puente de San Pedro

Hace unos meses tuve noticia de que en el puente de San Pedro se aparece, supuestamente, el fantasma de una monja que, años atrás se suicidó lanzándose desde arriba. Esta leyenda me la explicó Angélica, una mujer interesada en estos temas y lectora de mis libros. Conoce esta leyenda desde hace años, cuando se instaló en Terrassa, antes residía fuera de Cataluña.

La verdad es que nunca había escuchado hablar de esta historia, por eso me sorprendió el hecho de conocerla y me puse a buscar testigos que supieran de ella, llegándome a encontrarme con varias personas que aseguraban conocer la leyenda, así que decidí investigar el lugar para ver qué parte de realidad y cuánta de ficción había detrás de los rumores. Para ello me iba a basar en investigaciones paranormales, ya tendría tiempo de acudir a los archivos más adelante para verificar si existe alguna muerte constatada en el lugar de alguna monja, ya que tengo constancia de que otras personas sí se han suicidado a lo largo de los años, pero no me consta que alguna de ellas perteneciese a una orden religiosa.

Para enfocar mis investigaciones con el mayor rigor posible y evitar que hubiese mucha actividad de transeúntes mientras trabajaba decidí realizar las experiencias a altas horas de la noche, entre las tres y las cinco de la madrugada. Tampoco es plan de que vean a una o varias personas realizando ouijas o psicofonías en medio de la calle, algunos podrían asustarse, sobre todo aquellas personas que viven ajenas a la realidad. No sería la primera vez que nos confunden con una secta o algo peor, y es que con respecto a estos temas hay mucha ignorancia y desconocimiento.

Paso a exponer las psicofonías más interesantes que he podido registrar en el puente de San Pedro.

—¿Se ha suicidado alguien en este puente?
—*Algunas personas.*

Es de vital importancia que algunas de las preguntas que formulamos a las voces psicofónicas vayan enfocadas directamente a buscar el origen de los misterios y las leyendas que envuelven al lugar que estamos investigando, así podremos llegar a afirmar o desmentir ciertos rumores, aunque no podemos olvidar que en ocasiones estas voces pueden mentir o afirmar algo desde la ignorancia. De todas formas tenemos que apoyarnos en las comunicaciones para intentar buscar la verdad, sobre todo cuando no existen documentos fiables que puedan esclarecer la incógnita a la que nos enfrentamos.

En este caso concreto sabía que algunas personas habían perdido la vida tras lanzarse desde el puente, pero quise formular la pregunta para conocer la respuesta que me daban las voces, de esta forma podía saber si mentían o no, para empezar a jugar con la ventaja de saber qué punto de fiabilidad podían tener las respuestas que obtuviera en aquella jornada.

Una voz masculina me respondió de forma afirmativa ante la pregunta formulada, demostrándome que la inteligencia que contestó decía la verdad y no hablaba desde la ignorancia, lo que me aportaba una fiabilidad importante para el resto de la sesión.

—¿Siguen aquí las personas que se suicidaron?
—*Están en un lugar mejor.*

Otra cuestión que preocupa a la mayoría de mis lectores es saber si realmente el espíritu de las personas que mueren de forma trágica se queda atrapado en este mundo, por eso quise formular esta pregunta, para sacarles de dudas o, al menos, para hacerles reflexionar.

La respuesta fue clara, estas personas están en un lugar mejor, lo que vendría a reforzar mi teoría de que cuando morimos pasamos a un sitio donde la paz, el amor y la despreocupación reinan por completo, siendo inteligencias procedentes de otros lugares quienes se manifiestan a través de lo que denominamos fenómenos paranormales.

—¿Se suicidó alguna monja?
—*No lo creo.*

La cuestión principal de la pregunta, más allá de buscar teorías o resolver preguntas sobre espíritus, era saber si realmente se había quitado la vida alguna monja en ese punto marcado por la tragedia, por lo cual varias de las preguntas formuladas aquella noche las enfoqué en ese sentido.

Una voz respondió a una de ellas haciéndome intuir que quizá nunca se hubiese dado un caso de suicidio por parte de una religiosa.

—¿Se han producido apariciones en este lugar?
—*Sí.*

Otra cuestión importante y de gran relevancia era saber si realmente se habían producido apariciones en el puente, por eso planteé dicha incógnita en mi ronda de preguntas, hasta que una voz femenina y dulce contentó a una de ellas afirmando con rotundidad que sí se habían producido algunas apariciones. ¿Podía dar por válida la respuesta? No era la misma voz que me había contestado anteriormente, así que mis dudas eran lógicas, por eso quise interactuar más con la causa que se acababa de manifestar a través de mi grabadora.

—¿Cómo te llamas?
—*Marú.*

Necesitaba saber el nombre de aquella voz femenina que se acababa de comunicar conmigo, para ello le pregunté su nombre, pero sorprendentemente, quien se manifestó fue una voz masculina, yo diría que la misma que lo había hecho en las grabaciones anteriores, la cual me dejó un nombre: «*Marú*».

Interpreto, quizá me equivoque, no lo sé, que la voz quiso darme a entender que la inteligencia femenina era igual de fiable que la masculina, y por eso me dijo su nombre, para que confiara en ella.

Quizá esté especulando demasiado, y seguramente sea así, pero soy totalmente sincero con ustedes, es lo que me dicta la intuición.

—¿Estoy en un lugar propicio para investigar?
—*Investiga.*

Además de preguntas formuladas sobre los suicidios y las apariciones pregunté por otro tipo de cuestiones. Una de las cuestiones planteadas fue enfocada en saber si me encontraba en un enclave digno de investigar, aunque tras haber registrado varias psicofonías ya intuía que sí. Una voz masculina y en tono metálico me contestó de forma afirmativa, invitándome a que investigara. La cosa se ponía interesante.

Tras los buenos resultados cosechados a nivel psicofónico llegó el momento de analizar algunas cosas que habían ido sucediendo durante la grabación de psicofonías.

Con lo primero extraño que me encontré fue que se registraron algunos cambios de temperatura importantes, al menos noté físicamente que en determinados momentos me invadía un aire frío o caluroso, dependiendo de la situación. Podría deberse a una causa de origen natural, pero les aseguro que las variaciones de temperatura eran más que considerables, por lo que catalogo el suceso como algo extraño y digno de mencionar.

También me pareció escuchar varios pasos que se acercaban hasta mi posición, pero no había nadie, tan sólo me encontraba yo, ni quiera vi a mi alrededor a un gato o un perro, por lo que intuyo que esos sonido podrían deberse a un hecho paranormal, ya que los puede percibir de forma muy clara.

La primera jornada de investigación fue buena, el balance es positivo, por lo cual tocaba esperar a la segunda noche, en la que acudí con un amigo que es médium y sensitivo.

Algunos de ustedes ya conocen a este hombre por medio de libros anteriores y, como saben, prefiere permanecer en anonimato, a pesar de que en algunas reuniones de amigos del misterio que hemos tenido él mismo ha desvelado su identidad, pero yo respeto su petición expresa de que no aparezca su nombre ni otros datos que lo puedan comprometer.

Al llegar al puente nos ubicamos a un extremo, concretamente al que queda más cerca de la Iglesia; allí comenzamos con la experiencia, para ello mi compañero, al cual llamaremos Pol, se puso a analizar el escenario, para describirme a varias entidades que veía en el puente.

Por cierto, quiero dejar claro que mis teorías distan mucho con las de mi amigo. Mientras yo creo que detrás de los fenómenos paranormales están inteligencias que nada tienen que ver con los difuntos, él opina todo lo contrario; cree que estas manifestaciones son provocadas por personas que dejaron este mundo y que aún no han pasado al otro lado; según Pol, estas entidades son el espíritu de personas muertas.

Así me describió mi compañero a estas entidades, con las que pudo comunicarse de forma mental:

Un hombre de la edad media

«A unos diez metros de nosotros hay un hombre vestido con ropa sucia y destrozada, me recuerda a los típicos vagabundos que se ven en las películas de la edad media. Lleva unas sandalias de trapo marrón, un pantalón roto color marrón claro y una especie de poncho oscuro también desgarrado. La mirada trasmite mucha tristeza; nos observa mientras respira de forma costosa, es como si estuviera muy cansado, de hecho, tiene que apoyarse en el muro del puente para poder aguatar de pie».

Tras escuchar la descripción que Pol me hacía de aquella aparición le pedí que intentara comunicarse con el vagabundo de la edad media, para saber por qué estaba ahí y qué quería exactamente.

—Buenas noches, señor. ¿Puede vernos y escucharnos?
—Sí, os veo bien, pero me cuesta respirar.

—¿Murió usted aquí?
—No, yo perdí la vida hace muchos años en la montaña.

—¿Qué le pasó?
—Unos ladrones me mataron para robarme mientras cazaba.

—¿Y por qué está en el puente?
— Ahí abajo tenía mi casa y mi campo, era feliz con mi familia, pero ahora ya no queda nada.

—¿Y no ha pensado en dejar este mundo si ya no hay nada que lo ate a él?
—Tengo la esperanza de que mi familia venga a buscarme, por eso estoy aquí, porque si deciden buscarme este es el

sitio adonde primero acudirán.

—Quizá su familia ya pasó al otro lado y por eso no han venido a buscarle.

—¿Cómo puedo saber si esto es así?

—No puede saberlo, pero es muy probable que así sea; han pasado muchos años desde que ellos murieron, ¿no cree?

—No lo sé, prefiero esperar a que vengan a buscarme.

—¿Podría respondernos a una pregunta?
—Sí.

—¿Alguna persona aparte de mí le ha visto a usted en este puente?

—Sí, varias me han visto y se han asustado; la mayoría sale corriendo, pero yo no quiero hacerles daño, sólo estoy aquí esperando a que mi familia venga a buscarme.

La conversación fue tremenda, no daba crédito a lo que mi amigo Pol me iba explicando, fue sin duda una experiencia brutal y muy enriquecedora que, demuestra una vez más, al menos para quienes creemos en esto, que las apariciones no tienen como finalidad asustarnos.

Una mujer de nuestro siglo

«Miguel Ángel, también veo a una mujer que muestra síntomas de mucho nerviosismo; está andando de un lado para otro, parece que hay algo que le preocupa en exceso.

Por su ropa yo diría con total seguridad que es una mujer de nuestro siglo, aunque no puedo asegurarlo, de todas formas ahora le preguntaré a ver si responde.

Va vestida con tejanos azules, blusa blanca de manga corta y un cinturón rojo muy ancho y llamativo. Su cabello es moreno con media melena».

La descripción que me dio Pol me hizo intuir que podría tratarse de una mujer que falleció en el lugar, siempre que sus teorías y visiones fuesen ciertas, aunque yo, como todos ustedes saben, valoro otras hipótesis muy distintas, pero claro, tan válidas son las suyas como las mías. Mientras no se demuestre científicamente, todas las hipótesis son posibles.

No sabíamos si la mujer se prestaría a responder a las preguntas de Pol. Su nerviosismo era mucho, pero teníamos que intentarlo, tras la primera conversación con aquel hombre la situación se había puesto de lo más interesante.

—¿Le pasa algo señora?, la noto muy nerviosa.
—No sé dónde está.

—¿No sabe dónde está qué?

—Mi hijo.

—¿Usted ha muerto?
—Sí, he muerto y ahora busco a mi hijo, pero no lo veo.

—¿Su hijo ha muerto?
—No, él sigue vivo y no lo encuentro.

—¿Y por qué lo busca en el puente?
—Siempre pasa por aquí cuando va a jugar a ping-pong.

—¿Qué edad tiene su hijo?
—Trece años.

—¿En qué año murió usted?
— En 1989.

—Estamos en el año 2013, ¿lo sabe?
—Pero eso no es posible, si fallecí anoche.

—Pues han pasado muchos años, su hijo debe tener cerca de cuarenta, no creo que siga jugando a ping-pong en el mismo sitio.

—¡Eso no es posible!, ¡no es posible!, ¡quiero ver a mi hijo!

—¿Murió aquí en el puente?

—No, ya le he dicho que estoy aquí buscando a mi hijo.

—Le recomiendo que deje este mundo, en la otra vida se reunirá con él cuando llegue el momento.

—No me iré de este mundo hasta que no vea que mi hijo está bien.

Aquella conversación me puso los pelos de punta, a pesar de que tengo mis dudas sobre la realidad de lo que Pol interpreta... y él lo sabe.

Tengo claro que no miente, porque es una excelente persona llena de sinceridad y honestidad, pero a veces llego a pensar que quizá sus interpretaciones sobre esas comunicaciones mentales son erróneas o, incluso, pueden ser mentiras que esos supuestos espíritus le trasmiten para jugar con él o reírse; de todas formas, sea como fuere, presenciar una conversación de este tipo pone los pelos de punta, es algo bestial.

Una pareja de ancianos

«Sentados en el suelo hay una pareja de ancianos, diría que por la ropa que llevan son también de nuestra época. Él tiene una boina y una camisa de cuadros. La mujer va vestida de negro con un collar muy elegante. Están cogidos de la mano y sonriendo, parecen muy felices, me trasmiten muy buenas vibraciones».

Aquello me pareció extraño, al menos atípico, resultaba curioso, por lo cual invité a mi amigo a que entablara conversación con aquellos supuestos espíritus.

—¿Podrían responderme unas preguntas?
—Claro, lo que quieras.

—¿Han muerto en este lugar?
—No, morimos en la residencia, pero nos hemos venido aquí para estar juntos antes de partir hacia la nueva vida.

—¿Murieron en la misma residencia?
—Sí, nuestra historia es muy bonita. Fuimos novios de jóvenes, pero el destino nos separó en la guerra, y muchos años después nos reencontramos en una residencia. Nuestro amor seguía vivo desde entonces, aunque cada uno nos había casado con otra persona, pero aun así nunca pudimos olvidarnos el uno del otro.

—¿Y por qué están en ese lugar?, ¿tiene algo de especial?
—Sí, aquí nos conocimos y aquí nos veíamos cuando éramos jóvenes, por eso hemos vuelto, queremos pasar un tiempo juntos hasta abandonar este mundo de forma definitiva.

—¿Hay que tenerle miedo a la nueva vida?

—Ninguno. Lo malo es este mundo, donde nacemos condenados al sufrimiento, la enfermedad, la vejez y las injusticias; la nueva vida, es también la verdadera vida, donde impera la paz, la justicia y el amor.

—¿Cuándo partirán ustedes hacia la nueva vida?
—Muy pronto. Por desgracia aún sentimos apego por cosas de este mundo.

Esta última conversación tampoco me dejó indiferente, llenándome de emoción y alegría.

Me parece fascinante que los mensajes desde ese otro lado sean como estos, y no como los que nos venden en películas, programas de televisión y otros medios de comunicación que sólo buscan alimentar el morbo y el miedo, para ganar adeptos.

Decidimos terminar la investigación con una sesión de ouija, llevando a cabo así el protocolo que establecí para todas las localizaciones que investigara en los próximos meses.

Para realizar la sesión de ouija colocamos el tablero encima de uno de los muros y nos desplazamos al extremo opuesto del puente.

—¿Hay alguien aquí?
—*Hola.*

—¿Quién eres?
—*La hermana Sagrario.*

—¿Eres una monja?
—*Sí.*

—No me diga más, ¿y se suicidó en el puente, verdad?
—*Sí, me tiré desde arriba.*

—En esta fase de la investigación, permítame que dude de lo que me cuenta, creo que no hubo ninguna monja que se suicidara aquí.
—*Te equivocas, yo me maté aquí.*

—Si es cierto, denos datos, fechas e información concreta para que podamos verificar el suceso como auténtico.
—*17 de mayo de 1978.*

—¿Es usted quién se aparece en este lugar a los transeúntes?
—*Ellos me tienen miedo, es muy divertido.*

—¿Le parece a usted que asustar a la gente es divertido?
—*Sois unos sosos, no sabéis divertiros.*

—¿Le puedo hacer una pregunta?
—*Iros a la mierda, capullos.*

Creo que tras la parte final de la conversación queda claro que no fue una monja quien se comunicó con nosotros, fue una entidad procedente de otro mundo que nada tiene que ver con el nuestro, al menos esa es mi hipótesis, sin embargo, mi amigo Pol, me aseguró que detrás de aquella conversación se escondía un espíritu burlón que sólo pretendía reírse un rato a nuestra costa. Sea como fuere, indagamos en la fecha que nos había facilitado, pero no encontramos ningún suceso que relacionara al puente de San Pedro con una monja, y menos con el suicidio de una monja.

Para mí las conclusiones son claras; es posible que en el lugar se produzca situaciones fuera de lo habitual, llamémoslas extrañas o paranormales, si quieren. Igual que yo he sido testigo de lo absurdo, ¿por qué no han podido serlo también otras personas? Esta sería mi reflexión final. A la cual le sumo una coletilla: creo que ninguna monja se ha suicidado en el lugar, pero tampoco quiero afirmarlo, porque el hecho de no haber encontrado información al respecto no quiere decir que no la haya o que el suceso no se haya producido.

En ocasiones los investigadores y periodistas no llegamos a hallar documentación sobre un suceso concreto, pero con el paso de los años aparece esta información. Incluso, en muchas ocasiones, jamás se halla documento alguno que demuestre un hecho concreto, a pesar de que éste se haya producido realmente. Es por eso que tenemos que ser conscientes de que no siempre podemos autentificar o desmentir un suceso por el simple hecho de no encontrar documentación fidedigna.

La niña fantasma de Can Falguera

Una de las historias más sobrecogedoras que tienen que ver con el antiguo hotel-restaurante de Can Falguera hace mención al fantasma de una niña. Algunos testigos aseguran haberlo visto en la parte trasera de la finca, concretamente en el patio que hay junto al antiguo comedor de verano.

El edificio actualmente se encuentra tapiado y no se puede acceder al interior, pero esto no es un problema para nuestra investigación, ya que las apariciones se han producido en el patio, donde sí se puede acceder sin tener que infringir la propiedad privada.

No daré información al respecto para evitar que el lugar se convierta en zona de peregrinaje, tan sólo diré que vas paseando por el campo y sin darte cuenta apareces en el lugar; no hay puertas, muros o placas que impidan el acceso.

La parte trasera del edificio da una zona boscosa y la delantera a una zona urbana. Nosotros investigamos en la parte de campo que hay atrás. Además se puede entrar al comedor de verano donde registramos años atrás los mejores fenómenos que hemos vivido en el lugar.

Para investigar en esta ubicación hay que acudir de noche, durante el día la carretera está muy cerca y se escucha mucho ruido, por eso las dos jornadas de trabajo que se han realizado para escribir el libro han sido a altas horas de la noche. A la primera de ellas acudí solo con el propósito de registrar psicofonías y experimentar con algunos métodos interesantes.

Paso a transcribir algunas de las preguntas que me fueron contestadas aquella primera noche.

—¿Ha muerto alguna niña aquí?
—*Eso creen.*

Siempre asociamos las apariciones a espíritus de personas que han fallecido, aunque realizar esta comparativa puede ser un craso error, no sabemos realmente qué hay detrás de ese tipo de fenómenos, aunque es cierto que para investigarlos tenemos que basarnos en teorías y suposiciones, sobre todo para realizar pruebas y experimentos que nos sirvan para descartar hipótesis o confirmar algunas de ellas.

Sin duda, la teoría más barajada es precisamente la que

contempla la posibilidad de que detrás del fenómeno de las apariciones estén las personas fallecidas, por eso, la pregunta psicofónica a la hora de indagar sobre un caso de este tipo es casi obligada, necesitamos saber qué opinan las voces al respecto sobre si alguien ha muerto en el lugar, en este caso concreto si falleció alguna niña.

La respuesta, sin embargo, en esta ocasión no desvela nada concreto, ya que la voz hace alusión a los demás, diciendo que eso creen ellos.

Por desgracia, no siempre obtenemos el tipo de respuesta que nos gustaría, pero el fenómeno es así de caprichoso e independiente.

—¿Realmente han ocurrido suicidios en el interior del edificio?
—*Siglos antes.*

También quise verificar mediante las voces si la leyenda que habla de suicidios en el interior del edificio era cierta. Para ello planteé la pregunta de una forma clara y directa, sabiendo que los rumores existían, pero que posiblemente se trataba sólo de eso, de rumores.

La leyenda más popular dice que las personas se suicidaron lanzándose por el hueco de las escaleras, pero curiosamente, la escalera del edificio no tiene hueco, por lo que es imposible que alguien se suicidara de esta forma.

La respuesta obtenida en esta ocasión afirma que en el

lugar hubieron suicidios, pero dice que siglos atrás, por lo que quedaría descartado que estas muertes se produjeran en lo que actualmente es Can Falguera, debido a que su antigüedad es de poco más de un siglo.

—¿Cuántas personas han visto a la niña fantasma?
—*Más de tres.*

Otra cuestión de suma importancia era saber si había testigos reales que hubiesen presenciado a la niña fantasma. De entrada yo conocía a una persona con quien me pude entrevistar y que me aseguró que ella vio a la niña fantasma en el patio trasero de la finca.

La respuesta registrada en la grabadora dice que más de tres han sido las personas que han presenciado al fantasma, por lo que de ser cierto, estaríamos ante un fenómeno interesante de investigar, puesto que son varios los testigos que lo habrían presenciado.

—¿Quién es esa niña fantasma?
—*No está viva.*

En muchas ocasiones podemos llegar a corroborar que las apariciones son reales, pero nos quedamos con la duda de saber quién es la entidad que la origina, por eso una de las preguntas típicas que solemos hacer durante las investigaciones psicofónicas van dirigidas en este sentido. El problema es que casi nunca obtenemos una respuesta clara.

En este caso concreto tras formular la pregunta registré una voz masculina que me confirmaba que la niña no estaba viva, pero no me dijo quién era o cómo se llamaba. Probé con más preguntas pero no conseguí hallar ninguna respuesta evidente.

—¿La niña cómo se llama?
—*No lo sé.*

Un ejemplo de mi insistencia sobre esta cuestión que nos ocupa es la siguiente pregunta formulada donde también obtuve respuesta, pero a pesar de ello continué con la duda latente, al parecer la voz que respondió no sabía cómo se llamaba la niña fantasma. ¿Me dijo la verdad?, ¿me mintió? Lo cierto es que en estos casos es muy difícil ser objetivo y llegar a una conclusión seria, por eso lo mejor es seguir investigando, para tratar de encontrar más piezas de este puzle que, por desgracia, en contadas ocasiones conseguimos completar.

—¿Hay más fantasmas a parte de la niña?
—*Somos más.*

También quería saber si además del supuesto fantasma de la niña había otras inteligencias en el lugar que estaba investigando.

En ocasiones pueden ser varias las entidades que habiten un mismo lugar o que se manifiesten en él.

Tras formular la pregunta apareció en la grabadora una voz infantil que me dejó claro que eran más, al menos así lo reconoció dicha voz, la cual, por cierto, me trasmitió un poco de mal rollo.

No es de mi agrado registrar voces de este tipo, me suelen impactar bastante cuando son de niños. Imagino que a la mayoría de ustedes le pasará lo mismo.

—¿Tenemos que teneros miedo?
—*Nada podemos haceros.*

Hay una cuestión que tengo clara, y es que no debemos tenerle miedo a la causa paranormal, porque el auténtico peligro está en nuestro mundo, donde hay asesinos, violadores, delincuentes, enfermedades, injusticias y mucha maldad; por eso siempre digo que no le temo a los muertos, le temo a los vivos. De todas formas, como sé que a ustedes les preocupa esta cuestión quise platear la pregunta a las voces. La respuesta fue contundente: *«nada podemos haceros»*. Opino exactamente igual que la inteligencia que contestó a la pregunta, así que mi consejo es que no le teman al más allá; existen más peligros en el más acá.

Las conclusiones que pude sacar tras la grabación de psicofonías fueron interesantes, aunque claro, lo mejor es que ustedes saquen las suya propias.

¿Creen que habita una niña fantasma en el lugar?, ¿consideran que cohabitan otras inteligencias además de ésta?, ¿tenemos datos suficientes para creer que el lugar es digno de ser investigado? Yo me atrevería a responder de forma positiva a todas estas preguntas, aunque lo haría más con la intuición que con pruebas sólidas.

Durante la grabación de psicofonías escuche algo que ya parece un tópico cada vez que acudo a investigar a la zona exterior del edificio, y es escuchar sonidos de pasos que se acercan, pero cuando alumbro con la linterna desaparecen. Me he encontrado con esta situación en varias ocasiones a lo largo de los años que hace que conozco este enclave, por lo que puedo asegurar que se trata de un fenómeno, cuanto menos, extraño, aunque creo que si lo clasifico como paranormal tampoco pasaría nada.

Otro de los experimentos que realicé aquella noche fue colocar en el interior del comedor de verano polvos de talco espolvoreados para ver si conseguía registrar alguna huella, símbolo o inscripción extraña, pero a pesar de mi enorme deseo de que algo se quedara plasmado allí no pude ser testigo de nada anómalo, aunque en otro experimento sí llegué a encontrarme con lo absurdo.

Coloqué un papel blanco de cuaderno y encima puse una moneda de cincuenta céntimos de euro, repasé el contorno con un rotulador negro y lo dejé en el suelo del patio, ubicado entre la maleza. Al recoger el objeto me encontré con que éste se había desplazado de lugar, no era demasiado, pero sí se notaba que algo o alguien lo había movido. Pudo tratarse de algún animal, o quizá de un hecho extraño, no lo sé, la cuestión es que me dejó helado.

¿Qué creen ustedes que pudo ocurrir? Yo intuyo que fue algo relacionado con los misterios que allí acontecen, aunque no puedo demostrarlo.

Para realizar la segunda investigación conté con mi amigo Pol, quien se prestó para acompañarme por este viaje a través de la búsqueda de fantasmas.

Por cierto, quise preguntarle algo que me había sorprendido, y es que al transcribir sus comunicaciones con entidades me había percatado de que se dirigía a ellas llamándolas de usted, aunque en algunos momentos lo hacía hablándoles de tú. Aquello me llamó la atención y se lo comenté. Su respuesta fue curiosa:

«Normalmente me gusta dirigirme a las entidades hablándoles de usted porque considero que hay que mostrar el máximo respeto, pero en ocasiones algunas de estas inteligencias se sienten más cómodas si las tuteo, por eso notarás que a veces vacilo entre el usted y el tú, pero esto no tiene mayor importancia, son manías mías».

Al llegar a la parte trasera del edificio noté una sensación extraña, como si el lugar estuviera cargado de energía, percibía que aquella noche iba a ser realmente interesante.

Mi amigo Pol, nada más llegar me dijo que el lugar era especial y que ya podía ver a varias entidades que rondaban por ahí. Le expliqué mis sensaciones y me dijo que no sabía por qué, pero estábamos en un lugar propicio para vivir experiencias, entonces le pregunté si tenía algo que ver el día o el momento en el que estábamos, porque la sensación que yo sentía no era la de veces anteriores. Aquel día se había intensificado todo. La respuesta de mi compañero fue contundente:

«Hay momentos en los que el entorno se vuelve mágico y algunas puertas hacia el otro mundo se abren por completo, aunque otros días se cierran».

Aquello tenía sentido, mis experiencias en muchos lugares me habían demostrado que algunos días la actividad era muy fuerte y otros, sin embargo, se volvía nula, por lo que su explicación me pareció convincente.

Le pedí que me describiera a las entidades y que estableciera comunicación con ellas, quería profundizar en el tema ahora que la situación era propicia y la puerta al más allá parecía más abierta que en otras ocasiones.

Un hombre con garrota

«Hay un señor vestido con ropa de campesino y que porta una garrota, lleva una especie de calzado de tela muy extraño y ropa de campo, creo que tuvo que ser un antiguo campesino que murió aquí, o al menos, tuvo relación con este lugar.

Ahora voy a intentar comunicarme con él, aunque no sé si puede vernos, parece que está observando la parte del edificio con mucha atención».

—¿Puede verme y escucharme, señor?
—Le escucho, pero no le veo.

—Estamos aquí, detrás de usted, ¿puede vernos?
—Sí, ahora sí.

—¿Está muerto verdad?
—Sí, hace años que dejé mi cuerpo, desde entonces sigo aquí, este lugar era toda mi vida.

—¿Vivió usted en Can Falguera?
—No sé qué es Can Falguera.

—¿En qué año murió usted?
—A mediados de mil ochocientos.

—Vale, entonces usted murió antes de que esto fuese Can Falguera. ¿Qué era este lugar cuando estaba vivo?

—Las tierras que cuidaba como capataz. También vivía aquí con mi familia como colono. Este sitio me trae recuerdos muy buenos, por eso no quiero marcharme.

—Pero ya no están las tierras que trabajó, ni las fincas que habían cuando usted vivía, ¿no cree que es mejor pasar a su nueva vida?

—Yo sigo viendo lo mismo, está todo igual, la gente trabaja, mi familia hace su vida diaria, todo sigue igual para mí.

—¿Sabe que nos encontramos en el año 2013?
—No me importa, yo soy feliz aquí, y aquí seguiré para siempre.

—¿Se dedica a asustar a la gente que se cerca por aquí?
—Yo no asusto a nadie, me dedico a contemplar el entorno.

La primera conversación con el supuesto fantasma fue realmente interesante, y al parecer todo parecía encajar con la realidad, porque según pude leer tiempo atrás en unos documentos, hace mucho tiempo en el lugar donde está ubicada la finca de Can Falguera había una zona de cultivo.

Por cierto, ¿es posible que alguien se quede para siempre entre el mundo de los vivos y los muertos? Yo creo que no, antes o después avanzará con total seguridad, eso suponiendo que realmente la teoría que valora esta hipótesis sea cierta, porque ya conocen mi opinión al respecto, aunque tengo que decirles que desde que investigo con Pol en ocasiones la pongo en duda y me abrazo a sus teorías espirituales.

Quizá en próximos libros mi visión sobre el más allá haya evolucionado de forma sorprendente, quién sabe, no cierro puertas a ninguna posibilidad, soy de mente abierta.

Minutos después de esta conversación mi acompañante me comentó que un hombre acababa de hacer acto de presencia en el lugar donde nos encontrábamos.

Un hombre montando un caballo

«Un hombre acaba de aparecer de la nada, va montando un bello caballo blanco. Es una persona que porta ropa elegante, creo que tuvo que ser un señorito de su época. Viste con camisa blanca y volantes en el cuello, unas botas negras muy altas y un pantalón marrón que va sujeto por una especie de tirantes. Se le nota nervioso, mirando a todas partes, como si buscara algo. Voy a preguntarle qué busca a ver si me responde».

—Señor, ¿busca algo?
—Sí, busco mi casa, pero estoy perdido, no la encuentro.

—¿Cómo se llama?

—Mi nombre es Gonzalo, soy el hijo del dueño de las tierras.

—¿En qué año estamos, Gonzalo?

—En 1715, ¿por qué me lo pregunta?

—Porque estamos en el año 2013. Usted murió hace siglos, y no encuentra su finca porque ya no existe.

—No es usted la primera persona que me dice que estoy muerto, pero no me lo creo, yo sigo aquí, puedo ver, escuchar, cabalgar... sigo vivo.

—¿Ha intentado hablar con alguien desde que está perdido?

—Sí, con mucha gente, pero nadie me hace caso, tan sólo usted y dos personas más han hablado conmigo.

—¿Y qué le han dicho esas otras dos personas?, ¿quizá lo mismo que yo le estoy diciendo?

—Sí, ellos también me han dicho que estoy muerto.

—Mire, señor Gonzalo, el resto de personas no le hacen caso porque no pueden verlo, y quienes sí hablamos con usted es porque tenemos una capacidad especial para poder comunicarnos con los difuntos, ¿entiende?

—Sí, le entiendo perfectamente, no soy tonto. Pero me niego a creer que estoy muerto, ahora déjeme seguir buscando mi casa.

Cada conversación que Pol me transmitía me ponía los pelos de punta, es increíble presenciar una situación así, sobre todo cuando en mitad de la charla empiezas a escuchar ruidos extraños, como los que pude oír aquella noche. Puede parecer de película, pero les aseguro que me pareció escuchar un relinchar de caballo y varios pasos de un animal pesado, quizá de un caballo, aunque no puedo afirmarlo.

Can falguera nos estaba deparando muchas sorpresas, aunque mi escepticismo con respecto a este tipo de comunicaciones me impedía disfrutar tanto de la situación como lo hacía Pol, a pesar de que por otra parte sentía pena por quienes se negaban a ver la realidad y reconocer que estaban muertos, pero como bien decía él, eso es ley de vida, y sólo ellos de forma voluntaria pueden dar ese paso hacia la nueva vida.

Al otro extremo del patio, según me dijo mi compañero, pudo ver a una mujer llorando.

Una mujer llorando

«Hay una mujer de rodillas que no para de llorar, yo creo que es de nuestra época por la ropa que lleva. Va vestida con un largo traje blanco, diría que es un vestido de novia, aunque tengo mis dudas. La señora se muestra indiferente ante todo lo que le rodea, es como si la causa que le provoca los llantos fuera lo único que le importa. Junto a ella hay una fotografía, creo que es de un hombre, pero no consigo verla con claridad. Lo mejor es que hable con ella».

—Señora, ¿se encuentra bien?
—No, no estoy bien. Me ha engañado con otra el día de mi boda.

—¿Se iba a casar y su prometido la engañó?
—Sí, me engañó con mi prima, los pillé en la baño haciendo el amor.

—¿Pero usted está muerta no?
—Sí, al ver la escena fui a mi casa y allí me corté las venas, no podía seguir viviendo después de esto. La vida no es justa, sólo tengo ganas de llorar.

—¿Se siente atrapada en este mundo y por eso no puede marchar a su nueva vida?
—No, no es eso, lo que me pasa es que no quiero dejar este mundo sola, tengo la esperanza de que él cuando muera venga a buscarme.

—¿Siempre está aquí llorando o también va a otros lugares?

—Siempre estoy aquí desde aquel fatídico momento en el que me corté las venas, y aquí seguiré hasta que él venga a buscarme.

—¿Sabe si otras personas como nosotros han conseguido verla?

—No lo sé, yo vivo aferrada a mi pena y no suelo fijarme en la gente, ustedes son los primeros que me hablan desde hace mucho tiempo.

Aquella historia parecía sacada de una película de fantasmas, me costaba creer que algo así pudiese ser cierto, pero mi compañero Pol estaba convencido de que allí había una mujer con vestido de novia que le dijo todo aquello.

Parece increíble, ¿verdad? Entiendo que a alguno de ustedes le cueste creer en ello, me cuesta creerlo a mí que presencié la escena en primera persona, así que a ustedes con más razón aún.

Hasta ese instante todo era surrealista y extraño, aunque muy emocionante, sin embargo, lo que nos iba a deparar el destino a continuación superaba con creces lo vivido anteriormente.

¿Se imaginan que están con alguien y les dice que ante

ustedes se halla la niña vestida de blanco que se suele aparecer a la gente?, sería tremendo, ¿verdad? Esto me ocurrió a mí instantes después de aquella charla con la novia fantasma. Aún no doy crédito a lo vivido.

Una niña vestida de blanco

«No te lo vas a creer, Miguel Ángel... estoy viendo ante nosotros a una niña vestida de blanco, tiene el pelo alborotado y el rostro bastante pálido. Lleva unos zapatos negros con una especie de lazos en la parte de arriba. El vestido parece de comunión o, al menos de fiesta, parece elegante, aunque está sucio y desgarrado, como si hubiese jugado tirándose por el suelo o arrastrándose entre la maleza del campo. Nos mira fijamente con cara seria, no parece asustada, más bien todo lo contrario... nos desafía con su mirada. No me gusta nada esta niña, sus ojos trasmiten mucha maldad, me cuesta creer que una persona de su edad pueda tener una mirada tan aterradora. Voy a intentar hablar con ella».

—¿Cómo te llamas?
—Tengo varios nombres.

—¿Tienes un nombre compuesto?
—No, gilipollas, tengo varios nombres.

—¿Por qué me insultas?

—No te insulto, tan sólo te digo la verdad: eres gilipollas. ¿Acaso no lo sabías?
—¿Quién eres?
—Soy quien porta la luz.

—No te entiendo, ¿a qué te refieres?
—¿Ves cómo eres gilipollas? Soy lucifer: el que porta la luz.

—Pues yo veo a una niña con cara enfadada, nada más.
—Puedo adoptar la forma que quiera, porque soy el Rey de los Infiernos.

—¿Me puedes demostrar de alguna forma que eres tan poderoso como dices?
—No quiero malgastar fuerzas contigo, no me sirves para nada.

—¿Por qué te apareces ante la gente?
—Para reírme de ellos. Son tan ignorantes que ver a una simple niña les asusta.

—Venga, dinos quién eres de verdad
—Me marcho, no me comáis más la oreja.

La conversación, como ya les adelantaba, fue escalofriante. Ambos estamos seguros de que aquella entidad no era la de una niña, aunque tampoco creemos que se trate de Lucifer o del mismísimo Demonio. Creemos que posiblemente se trata de algún ente procedente de otra dimensión o realidad que nada tiene que ver con la Tierra ni con nuestros difuntos, y es que personalmente defiendo la hipótesis de que tras las apariciones y los fenómenos paranormales habitan inteligencias llegadas desde distintos lugares. Sea como fuere, tenga razón o no la tenga, aquella experiencia fue muy impactante, tanto que llegué a sentir miedo en ciertos momentos de la noche, sobre todo tras la conversación que Pol había mantenido con la supuesta niña fantasma.

Minutos más tarde llegó la hora de realizar un experimento a la par que llevábamos a la práctica una sesión de ouija.

Colocamos dos sensores de movimiento a ambos extremos del patio, junto a ellos una cámara de vídeo con visión nocturna. En medio del patio ubicamos una estación meteorológica, concretamente pegada al tablero de ouija con el que realizamos la sesión.

Lo que sucedió extraño durante la práctica de la vasografía —nombre con el que también se denomina a la ouija— fue que uno de los detectores de movimiento saltó sin que nada ni nadie pasara por delante justo al terminar la experiencia con el tablero.

La estación meteorológica en este caso no registró ninguna anomalía destacable más allá de una variación de pocas décimas en la humedad, pero esto puede tener una explicación racional, por eso no lo catalogamos dentro de las extrañezas que pudieron ocurrir aquella noche.

Ahora vamos a conocer cómo transcurrió la sesión de ouija.

—¿Hay alguien ahí?
—Hola, soy Esther.

—¿Estás muerta?
—Sí.

—¿Has muerto en Can Falguera?
—No, fallecí en un hospital de Barcelona por enfermedad.

—¿Y qué haces aquí?
—He venido para comunicarme con vosotros.

—¿Tienes algún mensaje para nosotros?
—Sí, quiero que trasmitáis un mensaje a la sociedad.

—Pues adelante, te escuchamos.

—Antes de morir tuve una experiencia en el hospital y pude ver cómo seres de otros planetas me visitaban, por eso quiero que la gente sepa que existe vida inteligente en el Universo, más allá de nuestro planeta.

—¿Sabes que estamos escribiendo un libro y que tu mensaje aparecerá en él?

—Sí, lo sé, por eso he querido contactar con vosotros, para que mi mensaje llegue a mucha gente.

—¿Qué te dijeron los extraterrestres?

—Que el sufrimiento que hay en la Tierra se debe a que nuestro planeta es un lugar donde venimos a purgar nuestras malas acciones en vidas pasadas, pero que después de la muerte, si hemos sido buenas personas nos espera una vida mejor.

—¿Y tú por qué sigues atrapada en nuestro mundo?

—Porque tengo la misión de trasmitir este mensaje antes de marcharme, forma parte de mi karma, pero gracias a personas como vosotros poco a poco estoy cumpliendo mi cometido y pronto podré partir hacia el lugar de destino que me corresponde. Ahora tengo que marcharme, gracias por divulgar mi mensaje.

Fue una sesión de ouija realmente interesante, aunque se

pueden extraer muchas lecturas de ella. Personalmente el contexto de la charla me trasmite fiabilidad, pero otros aspectos me siembran algunas dudas.

¿Si la mujer tenía como misión difundir su mensaje de los extraterrestres por qué murió antes de poder hacerlo?, ¿no dicen algunas teorías que no fallecemos hasta haber cumplido nuestros objetivos en la Tierra? Sea como fuere, la sesión me dejó relajado, aunque en determinados momentos el hecho de recordar lo vivido anteriormente con el supuesto fantasma de aquella niña me erizaba los pelos y el miedo se apoderaba de mí.

Las conclusiones con respecto a Can Falguera son interesantes, ya que si damos por válidas las conversaciones que Pol ha tenido con las diferentes entidades, y a eso añadimos las psicofonías registradas y los fenómenos que han sucedido durante la investigación, podríamos decir que el lugar es un escenario donde se producen fenómenos extraños, pero además, podemos ir un paso más allá y valorar como real la posibilidad de que algunos testigos hayan visto alguna que otra aparición.

Todo parece apuntar a que en esta localización el misterio habita en de forma intensa. ¿Cuál es su opinión, querido lector?

La Casa del Marqués

Los que nos dedicamos a indagar en temas insólitos recibimos con frecuencia información y testimonios de personas que han sido testigos de sucesos extraños o conocen enclaves con misterio. Algunas de las noticias que recibimos suelen ser muy interesantes, llegándonos a interesar tanto por ellas que tomamos la decisión de iniciar una investigación. Esto mismo me ha ocurrido con la localización que voy a exponer en este capítulo. El nombre del enclave lo voy a mantener en el anonimato, por petición expresa del testigo, al igual que su nombre.

Lo que sí puedo explicar es la historia del lugar y las investigaciones realizas en el mismo, en las cuales he acudido siempre con la compañía de esta persona a la cual llamaremos Benito.

La gran casona consta de varias plantas y de otras edificaciones exteriores. Podríamos definirla como una gran masía que se asimila mucho a lo que podría ser un pequeño castillo; al menos, su estructura me hace percibir esta sensación.

La finca tiene más de 800 años de historia, y por ella han pasado grandes artistas e intelectuales de diferentes épocas.

Hasta el inicio de la Guerra Civil Española perteneció a un famoso poeta. Actualmente es propiedad de la Diputación de Barcelona y se encuentra en estado de reforma, por lo cual no se puede visitar —quizá ahora que el libro está en sus manos ya ha terminado dicha reforma y se puede volver a visitar, no lo sé— pero existen zonas externas donde poder pasear libremente y llevar a cabo alguna investigación paranormal. De hecho, las experiencias que van a conocer en este capítulo se han producido todas en la zona exterior del recinto.

Benito me contó que en La Casa del Marqués registró una psicofonía que respondía a su pregunta de «*¿quién eres?*». Una voz masculina le contestó con un nombre extraño: «*Champi*». Pude escuchar la grabación íntegra y verificar que la voz existe, incluso hubo algo que me llamó la atención; previamente se escucha un sonido extraño que asemejo con un crujir metálico, como si algo o alguien rascara o golpeara el micrófono de la grabadora. Este tipo de sonidos suele ser común en algunas psicofonías, es como si algo extraño, pero real, interfiriera en el aparato antes de producirse la voz paranormal.

Durante la revisión de la grabación pude percatarme de que había otra inclusión misteriosa, concretamente ante la pregunta de Benito, «¿*estás aquí?*», donde aparece otra voz masculina que en tono enfadado dice: «¡*joder!*».

El testigo no se había dado cuenta de que esta psicofonía estaba en su grabación, y la verdad es que le impactó bastante al escucharla.

Decidí visitar el lugar en compañía del testigo, para ello me llevé la Spirit Box (caja de los espíritus); quería experimentar un poco con este aparato, aunque la intención principal era conocer el lugar y valorar si se podía realizar investigación paranormal en él.

Tuvimos que transitar varios kilómetros por una carretera secundaria hasta llegar a un camino de tierra de dos o tres kilómetros, el cual nos llevó hasta la falda del monumental edificio. Tras él, posaba una asombrosa montaña, imagen digna de fotografiar, aunque en esa ocasión no llevaba mi cámara.

Nos bajamos del vehículo y comenzamos a caminar montaña arriba, menos mal que sólo fueron cinco minutos; el frío apretaba y la tierra del campo estaba húmeda; algunas rocas resbalaban, poniendo nuestra integridad física en peligro.

Una vez que acaricié el muro principal del edificio pude

cerciorarme de aquello que ya sabía, pues desde que bajé del coche pude contemplar la grandeza del lugar. Sin duda, la localización era perfecta para experimentar con lo paranormal.

Recorrimos la parcela viendo otras edificaciones que, al igual que la casona principal, estaban completamente cerradas. Pero la finca era amplia y nos permitía experimentar por sus zonas externas, las cuales son accesibles para todo el mundo.

La parte trasera, donde hay una especie de garaje o pequeño establo, fue la zona que más me cautivó, haciéndome percibir algo diferente al resto de ubicaciones. Sin embargo, ese día no experimentamos allí, nos desplazamos hasta un portón que hay en la cara delantera del edificio principal. Saqué mi caja de los espíritus y comenzamos con una breve sesión. El resultado fue casi negativo, obteniendo solamente una voz que parecía saludarnos ante nuestra pregunta, «*hola, ¿hay alguien aquí?*».

Después de pasar una hora rondando por el lugar decidimos marcharnos y volver al día siguiente con un equipo de trabajo más amplio. El escenario prometía, así que las ganas de volver nos abrazaban con tanta fuerza que una enorme sonrisa e ilusión nos acompañó durante el camino de regreso.

Para intentar combatir el frío que acechaba sobre Cataluña, sin dejar de acudir a la investigación que habíamos programado el día anterior, decidimos acercarnos a La Casa del Marqués a las tres de la tarde, cuando el sol aún estaba presente. En ese instante no imaginábamos que los resultados que íbamos a obtener podrían ser tan impactantes.

Aparcamos el coche en el mismo prado verdoso que el día anterior; nos desplazamos caminando hasta la finca y, una vez allí, comenzamos un recorrido por las zonas exteriores, para volver a saborear con la mirada todos sus rincones.

Una vez terminada la inspección ocular nos situamos en la parte trasera, donde se halla esa zona techada que intuyo pudo ser un garaje. Allí saqué mi cámara fotográfica y procedí a realizar una serie de instantáneas. Tras lanzar dos o tres fotografías detecté que el aparato indicaba que la batería se había agotado, mostrando en color rojo parpadeante el símbolo de la batería. Aquello era extraño, había cargado al máximo el equipo antes de salir de casa.

Volví a encender la cámara y el indicador mostraba que la batería estaba bien, tenía tres cuartas partes de energía.

Asombrado por la situación volví a fotografiar el edificio, y como había ocurrido anteriormente, la cámara me indicó que no tenía batería, para instantes después volverse a apagar.

Durante toda la jornada estuve realizando fotografías y el funcionamiento del aparato fue idéntico; tras lanzar cada instantánea se me apagaba la cámara. Sólo durante unos minutos, y en la parte delantera de la finca, el equipo me funcionó de forma correcta pudiendo realizar fotografías sin que la cámara se apagara. Esto sucedió casi finalizando la investigación, aunque minutos más tarde lo anómalo volvió a presentarse permaneciendo hasta el momento final de la experimentación.

Una vez llegado a casa la cámara funcionaba perfectamente y no volvió a fallar más, ni siquiera tuve que cargar la batería, por lo que considero que esta situación se debe a algo misterio que tiene relación directa con el lugar.

Para experimentar con el tema psicofónico nos sentamos en los escalones que hay en la parte delantera del edificio principal. Allí comenzamos a formular una serie de preguntas en busca de obtener alguna respuesta inteligente por parte de esos supuestos fantasmas que parecen habitar la fortaleza.

Durante la investigación utilizamos una brújula para ver si estos seres eran capaces de alterar su estabilidad.

En más de una ocasión he llegado a presenciar cómo la aguja del aparato comenzaba a dar vueltas de forma descontrolada. Sin embargo, en ese día no hubo suerte y la brújula no registró ninguna anomalía.

Al revisar la primera grabación nos encontramos de lleno con el misterio. Escuchamos varios pasos que se acercaban a nuestra posición, por lo menos eso intuimos, ya que cada vez se escuchaban más fuerte, lo que nos hace creer que algo o alguien invisible a nuestros ojos se acercaba cada vez más al micrófono de la grabadora. Fue una situación extraña que nos hizo sentir un escalofrío por todo el cuerpo. En ese momento la emoción brotó de nuestro interior como un feroz rayo de esperanza. El misterio se había presentado en dos ocasiones y, estábamos convencidos de que volvería a hacerlo.

Otro fenómeno que nos dejó perplejos se produjo durante la grabación de otra de las muchas sesiones que realizamos. Recuerdo que en un alarde de ingenio o, quién sabe si inocencia, pedía a las entidades que detuviera el viento, —soplaba de forma feroz— y en ese momento, no sé si debido a la casualidad o qué, el viento dejó de rugir con tanta intensidad para apaciguarse por completo. Tras cuatro o cinco segundo le pedí a la entidad que volviera a hacer soplar el viento de nuevo, y éste, como si estuviera enfurecido, comenzó a azotar con mucha fuerza.

Este fenómeno puede ser fruto de la casualidad, claro que sí, aunque me planteo algunas cuestiones que llamaron nuestra atención y que posteriormente comentamos. Por ejemplo, cuando el viento soplaba lo percibíamos con gran fuerza en todo el cuerpo, notando un frío intenso en la cara; cuando el viento dejó de soplar nosotros dejamos de percibir su azote por completo, pero lo más extraño es que seguíamos viendo cómo éste movía árboles, hiervas y matojos con la misma intensidad que antes. ¿No les resulta extraño? A nosotros mucho, y la verdad es que no llegamos a ninguna conclusión coherente, sólo podemos afirmar que ambos lo vivimos de la misma manera. Por lo cual dudo mucho que se tratase de una mala interpretación nuestra, ya que de ser así seguramente discerniríamos en algunos detalles.

En el tema psicofónico llegamos a registrar dos inclusiones que llamó nuestra atención, la primera de ellas ante la pregunta formulada por Benito, «*¿te gusta estar aquí?*», en la cual apareció una voz masculina que respondió de forma enérgica y negativa. La segunda voz paranormal se obtuvo ante mi pregunta, «*¿os alimentáis de emociones humanas?*»; la respuesta fue en modo interrogante, como si la voz estuviese extrañada de nuestra presencia: «*¿quién viene?*».

La valoración de este segundo día fue bastante buena, superando con creces a nuestra primera investigación realizada el día anterior.

De regreso a casa comentamos y valoramos estos dos días, y decidimos regresar a la semana siguiente, pero en esa ocasión lo haríamos de noche, para poder comparar la intensidad de los fenómenos.

Dicen que por las noches lo paranormal se presenta de forma más constante, aunque tengo que decirles que según mi experiencia de años el horario no influye a la hora de obtener manifestaciones paranormales. Por ejemplo, durante las rutas que realicé con una asociación en la cual había experimentaciones de tarde y otras de noche, registramos más actividad por la tarde. De todos modos, cada localización es un mundo, con sus peculiaridades, por lo que siempre es interesante investigar en diferentes franjas horarias.

El resultado de la tercera investigación fue positivo únicamente a nivel psicofónico, aparte de esto no registramos ninguna actividad extraña en equipos de experimentación ni a nivel individual. El ambiente se notaba cargado por momentos pero todo, a excepción de dos voces, fue de lo más normal.

Una de las voces nos respondió de forma negativa, con un *no* muy claro, ante una pregunta que enfocamos para saber si había alguna entidad en el lugar. Puede parecer extraño o contradictorio que una psicofonía te conteste diciendo que no hay nadie, aunque según mi experiencia este tipo de respuesta en situaciones similares se han repetido en multitud de ocasiones y lugares, por lo que intuyo que estas voces pueden aparecer por varios motivos, sin tener relación directa con las manifestaciones paranormales. Intentaré explicarme.

Quizá las psicofonías sean sonidos, voces y ruidos que deambulan por todas partes y que nada tienen que ver con fantasmas o entidades paranormales; o puede que tengan otra procedencia.

Si algo tengo claro y he podido comprobar en todos estos años es el hecho de que registrar voces de este tipo no significa que en el lugar donde se han captado sucedan fenómenos paranormales. He obtenido psicofonías en lugares como por ejemplo mi propio domicilio donde nunca han sucedido fenómenos paranormales, y al igual que en este piso me ha ocurrido en muchas otras localizaciones, por eso considero que el fenómeno de los fantasmas y las psicoofnías son independientes uno de otro.

La otra opción que barajo es que estas voces se pueden comunicar desde otros lugares muy distantes a donde las captamos; es como si controlaran el espacio-tiempo y las dimensiones. Estamos sin duda ante una hipótesis apasionante que no descarto en absoluto.

El otro registro captado se grabó mientras se mantenía silencio. Una voz nos sorprendió con un mensaje que no entendemos: «*No hay la clave*».

Suele ser habitual en ciertas ocasiones el hecho de obtener voces que contienen palabras o frases que aparentemente no tienen relación directa con el lugar o la investigación que estás realizando; dicen que este tipo de psicofonías pueden ser sonidos o voces ancladas en el tiempo, y es que nos enfrentamos a un fenómeno tan complejo y desconocido que todo, incluso esta teoría, podría ser correcta. De momento, depende de cada uno considerar cuál de ellas podría ser la verdadera. Yo me quedo con la teoría de las inteligencias no humanas que se alimentan de nuestras emociones.

La Casa del Marqués es bajo mi humilde opinión un lugar digno de seguir investigando, así que les emplazo a que en próximos libros sigan mis nuevas experiencias en esta localización que tanto promete.

Los misterios del Llac Petit

En Terrassa tenemos varios escenarios populares dentro del misterio que han llamado y llaman la atención fuera de nuestro municipi; uno de ellos es sin duda el Llac Petit, nombre que adquiere debido a sus reducidas dimensiones, aunque en realidad se trata de un pantano: el pantano de Can Bogunyà.

El embalse tiene una capacidad de diez mil litros cúbicos de agua.

La prensa local y comarcal cataloga de leyenda negra a todos los sucesos trágicos que acontecen en este embalse, en el cual se han producido diferentes situaciones terribles que van desde accidentes mortales, hasta asesinatos y suicidios, siendo uno de los enclaves más siniestros que conozco.

Existen alrededor de diez muertes trágicas documentadas en este escenario. Realicé un trabajo laborioso rescatando documentación, con el cual publiqué en varios artículos en Internet y capítulos de libros.

Me resulta muy curioso que algunas personas de la zona que se dedican al misterio igual que yo, se empeñen en criticar mi trabajo e intentar desacreditarme, pero que a la hora de exponer ellos sus reportajes o ilustrar sus entrevistas utilicen toda la documentación que yo mismo he extraído de los archivos. Si tan mal investigador soy o tan fantasioso, ¿por qué se nutren de mi trabajo para exponer el de ellos? Aunque más que nutrirse lo que hacen es un *copia-pega* de la toda la vida. En fin, yo sigo a lo mío, no les entretengo más con reflexiones de este tipo. Si les parece nos adentramos ya en la investigación.

Como ya era habitual tras investigar las primeras localizaciones, acudí una noche en completa soledad para experimentar con el tema de las psicofonías y realizar alguna que otra prueba con mis aparatos.

Conozcamos algunas de las psicofonías registradas.

—¿Cuántas personas han fallecido aquí?
—*Muchas*.

Constatadas tenía alrededor de diez muertes según mi trabajo de documentación, todas ellas aparecidas en el Diari de Terrassa; pero quizá hubo más por lo que no podía cerrar mi investigación en este punto, así que planteé dicha cuestión a las voces para ver qué respuesta me daban. El mensaje obtenido, sin embargo, no me aclara demasiado, ya que no me dice un número concreto, por lo que tras registrar la psicofonía me encontraba en el mismo punto que antes de iniciar la sesión.

Por desgracia, no siempre obtenemos respuestas tan explícitas o claras como nos gustaría, pero el fenómeno de las voces paranormales es así de caprichoso y ante ello nada se puede hacer, sólo seguir experimentando.

—¿Al morir de forma trágica quedamos atrapados en este mundo?

—*No es verdad.*

Uno de los grandes mitos, al menos para mí, es el que considera que aquellas personas que fallecen de forma trágica se quedan atrapadas entre el mundo de los vivos y los muertos. Tengo claro que cuando uno fallece, sea de forma trágica o no, arranca un camino hacia la nueva vida, en este trayecto pasa por varias fases. La primera es verse fuera del cuerpo y estar por consiguiente en nuestro mundo, pero de una forma sutil; luego ve oscuridad y después aparece en lo que podemos denominar «ante sala a la reencarnación» o «la nueva vida», que sería una sala de espera antes de volver a encarnar. No creo que alguien se quede atrapado entre dos mundos, lo que sí puede pasar es que alguien al fallecer no quiera abandonar este mundo y por voluntad propia esté entre nosotros hasta que tiempo después decida avanzar. Y tampoco me convence del todo esta posibilidad.

Quise preguntar a las voces sobre esta cuestión que tanto inquieta a mis lectores, y la respuesta obtenida parece apoyar de forma tajante mi hipótesis o por lo menos desmiente que tras la muerte trágica nuestro espíritu se quede atrapado en este mundo.

—¿Hay personas desaparecidas que estén en este entorno?
—*Es posible.*

Se cree que algunas de las personas desaparecidas podrían estar en el entorno del Llac Petit, no sería descabellado pensarlo puesto que se han dado varios casos en los cuales se han encontrado a personas en esta zona que estaban en paradero desconocido. Hablamos de una zona boscosa, con barrancos, un embalse y determinados puntos negros. Por este motivo quise formular una pregunta relacionada con este asunto, ante la cual una voz femenina me respondió que era posible que hubiese gente desaparecida por el lugar, pero como ocurriera con la grabación anterior, no esclarece del todo la incógnita que le planteé.

—¿Quién se comunica a través de las grabadoras?
—*Nosotros.*

Los mensajes a través del equipo de grabación estaban

siendo fluidos aquella noche; es algo que me sorprendió porque hasta la fecha sólo había conseguido registrar seis o siete psicofonías en un total de veinte investigaciones realizadas en el Llac Petit, así que aprovechando la buena predisposición que tenían las voces en aquel momento les lancé varias preguntas enfocadas en saber cuál es el origen de las psicofonías. Una de ellas fue contestada, pero como ocurriera en las anteriores grabaciones, la voz respondió sin ser demasiado concreta con su mensaje. ¿Quiénes son ellos?, me pregunté intrigado al escuchar la contestación.

—¿Qué lugar del Llac Petit es el mejor para investigar?
—*Aquí adentro.*

Normalmente en una misma localización siempre hay algún punto más caliente donde las manifestaciones suelen ser más intensas y frecuentes, por eso quise preguntar a las voces sobre el mejor lugar para realizar las investigaciones. La respuesta registrada *«aquí adentro»* me hace intuir que se refería al propio pantano, quizá en su embalse se escondan mucho misterios y secretos que aún no han sido desvelados. Sería interesante investigar con alguna barca desde el centro del embalse, por lo cual no descarto esta posibilidad para un futuro no demasiado lejano.

—¿Cuántos sois?
—*Seis o más.*

Había registrado varias psicofonías con voces que parecían distintas, por lo cual intuía que quizá en ese otro lado hubiese varias inteligencias comunicándose. Lo habitual suele ser que las voces no se repitan en la misma sesión de grabación, como estaba ocurriendo aquella noche. Pregunté cuántos eran. Instantes después, una dulce voz femenina respondió: *«seis o más»*. Fue un mensaje directo y claro, como los que me gusta registrar, donde la inteligencia se muestra firme y segura en su contestación.

El lugar parecía habitado por varias entidades, al menos en cuanto al tema psicofónico se refiere.

Tras realizar las rondas de preguntas guardé mi grabadora y me dispuse a experimentar con otros aparatos. Para la ocasión me llevé un péndulo; quería probar una técnica que me enseñaron hace años en el hospital del Tórax y que me gustó bastante, aunque también creó escepticismo en mí, ya que su funcionamiento es muy delicado y un mínimo movimiento del pulso puede hacer que el objeto se desplace y se pierda toda la fiabilidad. Hablo del péndulo.

Decidí probar con este método, así que dije en voz alta que respondieran a mis preguntas moviendo el objeto. Si lo desplazaban en círculo querría decir «no», si lo movían de un lado a otro la respuesta sería «sí».

—¿Os podéis comunicar con este sistema?

—Sí.

—¿Conocéis la historia de Daniel? Fue una persona que presenció una extraña aparición aquí.
—Sí.

—¿Aquel ser extraño era de este mundo?
—No.

—¿Ha habido más personas que hayan sido testigos de apariciones?
—Sí.

—¿Son peligrosas las inteligencias que habitan por esta zona?
—No.

—¿Son personas que han fallecido aquí?
—No.

—¿Son inteligencias que nunca han sido ni serán terrenales?
—Sí.

—¿Están en el pantano porque se alimentan de las emociones que hay impregnadas en el lugar?

—Sí.

—¿Entonces podemos decir que estos seres pertenecen a otra dimensión o forma de vida diferente a la nuestra?
—Sí.

—¿Son peligrosos?
—No.

—¿Entonces les tenemos miedo por ignorancia?
—Sí.

La experiencia fue realmente interesante, conseguí respuestas que avalaban mi propia teoría, pero claro, tampoco quiero darle demasiada fiabilidad a la investigación realizada con el péndulo porque no sería descabellado pensar que mi subconsciente pudiera mover el objeto de forma sutil sin que yo me percatara, por lo cual no puedo sacar conclusiones precipitadas.

Coloqué varios sensores de movimiento y algunos termómetros repartidos por el lugar, pero no llegué a registrar ninguna anomalía en estos aparatos.

La primera noche de investigación la podemos catalogar como positiva y muy interesante. Los fenómenos seguían manifestándose allá donde iba.

Ahora llegaba la parte más interesante de la investigación para la cual me acompañaría mi amigo Pol. Es una gozada investigar con él.

Llegamos al Llac Petit y aparcamos en el pequeño trozo de campo que la gente suele utilizar de parking. Cerca de ese lugar, a pocos metros, Daniel había tenido una experiencia años atrás en la cual pudo observar a un extraño ser que no se asemejaba con nada conocido por él. Pude entrevistar al testigo para un programa de radio que yo mismo presentaba por aquella época. Su definición es que era un ser extraño de unos dos metros de alto y de un groso como el tamaño de un oso; deprendía un halo de luz que no era brillante, al parecer se desplazaba de forma lenta.

Lo que más sorprendió al testigo es que el ser se percató de su presencia y también de la de su amigo, fue entonces cuando ocurrió lo más asombroso, y es que igual que los chicos se extrañados al ver aquello, el ser también se mostró sorprendido al ver a los chicos. Daniel lo explicó así: «es como si igual que para nosotros él fuera algo extraño, nosotros para él también fueses algo extraño».

Tras este choque de impresiones, el ser desapareció y los testigos llegaron a la conclusión de que quizá dos mundos opuestos, el nuestro y el de aquel ser, por unos instantes se fusionaron en un mismo lugar, y aquella cosa pudo ver nuestra plano igual que desde nuestro plano se pudo ver el suyo.

Debido a esta experiencia impresionante decidimos realizar las primeras investigaciones en este lugar concreto, para ello comenzamos con una sesión de ouija y, posteriormente, Pol intentaría comunicarse con algunas entidades que aseguraba ver por allí.

—¿Hay alguien que se quiera comunicar con nosotros?
—Yo mismo.

—¿Quién eres?
—Podéis llamarme Krasth

—¿De dónde eres?, tienes un nombre extraño.
—No pertenezco a vuestro mundo, soy de otro sistema de vida.

—¿De otro planeta?
—Digamos que de otra realidad. Pero vamos a lo que realmente os interesa y os inquieta, que es saber qué era aquél ser que se apareció aquí, y yo os lo puedo explicar.

—Pues adelante, nos interesa mucho escuchar tu explicación.
—Lo primero que tenéis que saber es que existen varias

dimensiones que cohabitan de forma paralela y que nunca se pueden unir, pero, existen ventanas que en determinados momentos se pueden abrir y cuando esto sucede, a través de estas ventanas se puede observar qué hay al otro lado, y viceversa.

—¿Eso es lo que ocurrió con la experiencia de Daniel?

—Sí, eso mismo, por eso tanto las personas de vuestra dimensión como el ser de la otra se sorprendieron mutuamente al verse, porque ni vosotros tenéis constancia de que existan otros mundos, ni en esos otros mundos tienen constancia, al menos en la mayoría, de que existáis vosotros.

—¿Es posible entonces que desde esas otras dimensiones nos investiguen igual que nosotros los investigamos a ellos?

—Sí, claro que es posible, y de hecho sucede.

—¿Podemos provocar de forma voluntaria que las ventanas se abran?

—No, eso no depende de vosotros, ni tampoco de ellos, se tienen que dar varios factores difíciles de explicar.

—¿Las apariciones fantasmales y los fenómenos paranormales pertenecen a esas otras dimensiones de las que nos hablas?

—No, estos fenómenos pertenecen a vuestro mundo,

aunque permanecen ocultos porque se hayan en una dimensión que todavía desconocéis, pero no tiene nada ver con las dimensiones paralelas de las que os hablo.

La sesión de ouija fue apasionante, la conversación me trasmitió emociones indescriptibles. ¿Creen que lo que nos comentó aquella inteligencia mediante el tablero es posible? Yo no tengo ninguna duda al respecto, considero que es muy probable que algo así sea lo que sucede en toda esta historia de apariciones y fenómenos inexplicables.

Disfruté mucho con aquella explicación magistral que nos ofreció la entidad mediante el tablero de ouija.

Mi compañero me dijo que junto a nosotros había dos entidades, así que procedió a comunicarse con ellas tras hacerme una descripción previa.

Un hombre sentado

«Hay un hombre sentado junto al camino, tiene la cabeza entre las rodillas. Viste con pantalón de chándal oscuro, zapatillas de deporte y una camiseta de manga corta de color azul. Estoy seguro que es una persona de nuestro siglo. Voy a intentar comunicarme con él».

—¿Hola?, ¿puede escucharme?
—Sí, dígame.

—¿Le ocurre algo?, lo veo preocupado.

—No, estoy descansando, me he mareado un poco mientras hacía deporte.

—¿Sabe que está muerto?

—Sí, lo sé, pero no importa, puedo seguir haciendo muchas cosas de las que hacía antes, como por ejemplo deporte.

—¿Y siente cansancio?

—Sí, lo que no siento en hambre o sed, pero sí me noto fatigado cuando hago mucho deporte.

—¿Murió de forma trágica?

—No lo sé, creo que por infarto mientras corría, pero no lo tengo claro, está todo muy borroso en mi memoria.

—¿Sabe que debe ir hacia la nueva vida, verdad?

—No tengo prisa por llegar a ella, aquí me encuentro bien, puedo seguir haciendo deporte.

—Creo, amigo mío, que usted está obsesionado con el deporte, pero le diré una cosa: si deja este mundo y se marcha hacia la nueva vida se sentirá aún mucho mejor. ¿Por qué no lo hace?

—No, no; quiero estar aquí, ahora tengo que seguir corriendo.

—De acuerdo, pero déjeme que le haga una pregunta, ¿ha visto por aquí cosas extrañas o seres de otros mundos?

—Aquí donde estoy yo todo es raro y se ven cosas muy extrañas.

—¿Se refiere al lugar dimensional donde se encuentra o a la zona del Llac Petit?

—A ambos lugares. Mi plano dimensional está entre dos mundos y a veces entre más, y el pantano es un sitio extraño donde suceden cosas difíciles de creer.

La conversación fue realmente interesante y nos deja cuestiones dignas de analizar en profundidad. ¿Podría ser cierta la información que mi amigo Pol me trasmitió a través de aquella supuesta conversación? Personalmente no lo veo descabellado, podría ser real, quién sabe. ¿Qué conclusión sacan ustedes?

Una mujer con un cesto de flores

«Hay una mujer paseando por nuestro lado, va con una cesta de flores; lleva un vestido largo de verano de color claro, yo diría que es amarillo claro, pero no te lo puedo asegurar porque es un color raro o, al menos yo no lo aprecio bien. Tiene el pelo largo y recogido con una trenza, es rubia, de unos treinta años de edad. Voy a intentar hablar con ella».

—Hola, ¿me podría atender un momento?
—Sí, dígame.

—¿Está usted muerta?
—Sí, fallecí en un accidente de tráfico hace años.

—¿Y por qué está aquí?
—Solía venir a esta zona para pasear y coger flores, en este lugar me sentía muy bien, por eso ando por estos lares en busca de algo de felicidad, ya que pronto tendré que ir a la nueva vida.

—Dicen que las personas que mueren y se quedan en el plano donde usted se encuentra es porque han sido malas en vida o muy materialistas, ¿es cierto?
—No, para nada, eso es mentira. Aquí se queda quien quiere durante un tiempo, es más, yo he tenido contacto con otras personas fallecidas como yo y le aseguro que aún no he encontrado a nadie malvado. Al morir la mayoría de personas se dan cuenta de los errores que han cometido en su vida y se vuelven más bondadosas, entrañables y compasivas con los demás.

—¿Entonces al morir todo el mundo se vuelve mejor y

más bueno?

—Sí, es que es evidente, porque se dan cuenta de que existe vida más allá de la muerte y que lo material es algo superficial que en realidad no importa, entonces se dan cuenta de sus errores en vida y reflexionan sobre ellos, aunque siempre puede quedar alguien que a pesar de experimentar esto no trascienda en un cambio demasiado positivo, pero siempre, sin excepción alguna, la persona que fallece adquiere un cambio de conciencia y mejora su actitud aunque sea mínimamente.

Creo que esta conversación, indiferentemente de que todo sea una mala interpretación de mi amigo o no, deberíamos tomarla muy en cuenta porque refleja perfectamente mi teoría sobre lo que digo a menudo, y es que en ese otro lado, se manifieste lo que se manifieste, tenga el origen que tenga, no es malo, ni pretende hacernos daño. Lo que ocurre es que muchas personas quieren alimentar el miedo por intereses. Recuerden que además de programas de radio, televisión o revistas que buscan ganar adeptos a través del miedo, hay personas que viven de ello para venderles velas, inciensos, rituales y limpiezas energéticas. La gente sí que puede llegar a ser mala, mucho más que los seres que habitan al otro lado.

Ahora nos desplazamos hasta la vera del pantano, allí realizamos una sesión de ouija muy interesante. No llegamos a comunicarnos con entidades puesto que Pol me aseguró que no había ninguna. Es curioso que en la zona más caliente en cuanto a muertes y tragedias no hubiese almas en pena como nos aseguran las teorías más trascendentales. ¿Esto no les hace reflexionar? A mí sí… y mucho.

—¿Hay alguien aquí?
—Hola.

—¿Quién eres?
—Blood.

—¿De dónde es este nombre?
—Soy un ser que habita en el fondo del pantano.

—¿Un monstruo?
—No. Soy una especie de energía o inteligencia etérea, para que os entendáis.

—¿Una entidad de otro mundo que habita aquí?
—Sí.

—¿Y por qué vives en este lugar?
—Llevo varias décadas aquí. El pantano me gusta, hay gente por el día y tranquilidad por la noche.

—¿Eres un ente bueno o malo?

—Soy bueno, he evitado que mueran algunas personas que por imprudentes se han bañado en el embalse.

—¿Personas que iban bebidas o drogadas?

—Sí, sobre todo personas bebidas y emporradas.

—¿Te alimentas de las emociones residuales de las personas?

—No. Yo no necesito alimentarme de nada.

—¿Y por qué estás en nuestro mundo?

—Yo vivo en mi mundo, el cual está entre el vuestro y entre el plano de los difuntos.

—¿Sois vosotros, los de tu mundo quienes origináis los fenómenos paranormales?

—A veces sí, pero no siempre. Esto de las manifestaciones es un asunto muy complejo que difícilmente podéis entender a día de hoy.

—¿Tienen las muertes que han acontecido aquí algo que ver con los fenómenos paranormales?

—No, absolutamente nada que ver. Los fenómenos paranormales lo producen inteligencias que no son muertos.

—¿Podríamos decir que el Llac Petit es un lugar con mucho misterio?

—Sí, lo es, pero repito: no tienen nada que ver las muertes que han sucedido en este lugar. Son sucesos independientes.

Tras la investigación en el Llac Petit llego a la misma conclusión que tenía antes sobre el lugar, que, por cierto, es la misma que la opinión vertida por la ouija.

Considero que en este enclave existe algo de misterio pero que esos enigmas nada tienen que ver con los accidentes, muertes y tragedias que se han producido en la zona. Quizá en este entorno haya alguna especie de puerta dimensional o habiten energías sobrenaturales que nunca han sido ni serán terrenales. Por consiguiente, considero que el Llac Petit es un escenario digno para experimentar el misterio y convivir durante unas horas con lo paranormal, pero recalco que, nada tiene que ver el potencial paranormal con que en el lugar se hayan producido sucesos luctuosos.

Can Busquets terrorífico

Uno de los lugares de moda en la actualidad, es sin duda Can Busquets, ubicado en Sils, Girona.

En este misterioso y terrorífico enclave he vivido experiencias aterradoras y cargadas de misterio. Podemos decir que Can Busquets, a pesar de arrastrar falsas leyendas de muerte, asesinato y dolor, se caracteriza por una realidad que supera toda esta ficción macabra con la que algunos han querido barnizar los muros de las fincas que conforman este enclave, y esa realidad son los fenómenos paranormales que allí se manifiestan, de los cuales yo mismo en sido testigo en muchas ocasiones.

Realicé junto a Tevafilms, un documental de investigación sobre el lugar, llegando a entrevistarnos con personas importantes de la zona, entre las que se encuentran el que por entonces —ahora no lo sé— era Primer Teniente Alcalde de Sils. También nos entrevistamos con el señor Frigolé; allí nació su abuelo, su padre, él mismo e incluso han nacido sus hijos... Nos dijo que jamás había habido muertes, ni otras familias viviendo allí que no fuese la suya. Ellos eran los colonos.

Por tanto, podemos decir que todas, absolutamente todas las leyendas truculentas que hacen mención al pasado de Can Busquets, son —a priori— falsas.

Ahora bien, ¿si no ha pasado nada trágico en el pasado por qué se producen fenómenos paranormales en la finca? La respuesta nos sirve para teorizar. Yo tengo claro cuál es el motivo —o los motivos— que produce —o producen— que en un lugar se desaten manifestaciones de este tipo.

Hay algo que es evidente, sobre todo para los que creemos conocer cómo funciona, —en parte— esto que llamamos mundo espiritual, y es que cuando en un lugar se realizan rituales —sean del tipo que sea— se abre una puerta hacia un mundo espiritual que desconocemos. Si las personas que realizan el ritual son oscuras, hay más posibilidades de que por esa puerta entren seres oscuros. Sucede lo contrario cuando los rituales los realizan personas que no son oscuras; la posibilidad de que entren seres que tampoco son oscuros es más elevada.

Es importante saber que no sólo influye la intención con el que se hace el ritual, también es muy importante el tipo de persona que lo realiza. Es decir, si la persona es muy negativa y realiza un ritual, a priori con fines positivos, seguramente su negatividad —su maldad— atraiga a entidades negativas y malignas.

Lo que quiero decir con todo esto es que sabemos que en Can Busquets se han realizado multitud de rituales, sobre todo en la zona de la vieja Capilla. Es por eso que una de las causas que, seguramente, origina que en el lugar haya presencias espirituales es porque allí se han realizado muchos rituales.

También existen otros condicionantes, como por ejemplo el hecho de que los investigadores realicemos nuestras experiencias. Esto, en parte, podría desencadenar a la larga que en el lugar se manifestaran entidades de ese otro lado. No podemos olvidar que lo que en realidad estamos haciendo es intentando abrir una ventana de comunicación con el Más Allá.

Ahora quiero contaros algunas de mis experiencias en Can Busquets, porque considero que son realmente interesantes y puede aportar datos de interés común.

Ouija, detector y linterna

Una de las experiencias más surrealistas la viví en la Capilla una tarde junto a un grupo de personas.

Recuerdo que organizamos un evento a Can Busquets

con el objetivo de vivir el misterio de primera mano, sin embargo, ninguno de los presentes imaginamos ni por un momento lo que iba a suceder ese día. Fue sin duda, uno de los grandes momentos que nos ha dejado esta villa señorial llamaba Can Busquets.

Estábamos realizando una sesión de ouija, cuando detectamos algo que no suele ser habitual, y es que cuando la ouija funcionaba bien no se registraban psicofonías; y cuando se registraban psicofonías la ouija dejaba de funcionar de forma fluida. Aquello llamó nuestra atención...

Minutos más tarde, colocamos un sensor de movimiento justo delante de nuestra posición, enfocando a un pasillo en el cual se han producido muchas manifestaciones. Según los investigadores, esa zona en la más caliente en cuanto a manifestaciones se refiere.

La cuestión es que continuamos realizando la ouija, hasta que en un momento determinado, el detector saltó sin causa aparente. Fue entonces cuando comenzamos a interactuar con el tablero, preguntándole a la entidad si era capaz de volver a hacer saltar el detector de presencias. Cada vez que la ouija respondía de forma positiva, el detector pitaba sin causa aparente. Aquellos momentos se estaban convirtiendo en instantes de mucha tensión y nerviosismo para algunos de los presentes, y el miedo, cómo no, comenzó a aflorar en ellos, a pesar de que era de día y la oscuridad estaba oculta.

Un rato más tarde, una vez que el sol comenzaba a esconderse y en el pasillo empezaba a reinar la oscuridad, sacamos una linterna de reciente adquisición, para alumbrar.

Tengo que decir que no era una linterna clásica. El aparato emitía luz verde. Al parecer esa luz, es invisible para los animales, y muchas personas que quieren observar la naturaleza nocturna en su pleno apogeo, la utilizan.

A nosotros se nos pasó una hipótesis por la cabeza. Seguramente absurda y chistosa, pero bueno. La cuestión es que nos preguntamos si las entidades de ese otro lado serían capaces de ver esta luz verde que para los animales pasaba desapercibida. Así que compramos una y quisimos experimentar con ella.

Alumbramos el pasillo, enfocando al detector de movimiento, y continuamos con la sesión de ouija.

En un momento determinado, observamos cómo la linterna comienza a parpadear, emitiendo luz de forma intermitente. Lo primero que pensamos es que no tiene batería, pero Eli, la compañera que controlaba este aparato nos dijo que era imposible que no tuviese batería porque la tuvo ocho horas cargando.

Continuamos con la investigación y, acto seguido, la linterna vuelve a emitir luz de forma continuada. En ese momento, el detector de movimiento saltó, alertándonos a todos de una nueva presencia.

Lo impactante llegó a partir de ese instante, cuando observamos que tras dejar de emitir sonido el detector, la linterna comienza a parpadear de nuevo, expulsando luz de forma intermitente, con intervalos de uno o dos segundo, y en ocasiones llegando a estar hasta tres largos e intensos segundos sin emitir luz.

Unos segundos más tarde, la misma operación vuelve a repetirse. La linterna alumbra de forma continua y el detector de movimiento pita. Una vez que el sonido del aparato desaparece, la linterna comienza de nuevo a comportarse de forma intermitente.

Colocamos nuestros dedos sobre el máster de la ouija y formulamos una serie de preguntas, en la cuales llegamos a interactuar con la causa paranormal que, al parecer, estaba jugando con nosotros.

—¿Eres tú quien juega con la linterna y hace saltar el detector?
—*Sí.*

—¿Puedes hacer que salte el detector ahora mismo y en repetidas ocasiones?
—*Sin respuesta*
No hubo respuesta pero el detector comenzó a pitar varias veces.

—¿Ahora puedes hacer que la luz de la linterna sea intermitente?

—*Sí*.

La linterna comenzó a emitir luz con intervalos de varios segundos.

Así pasamos un buen rato, en el cual la ouija se manifestó a nuestro antojo, dejándonos destellos de grandeza.

Esta experiencia permanecerá para siempre en el recuerdo de los que la presenciamos.

El coche de Óscar Cervantes

En otra de las ocasiones que visité Can Busquets, volvieron a sucederse fenómenos de todo tipo, incluso fuimos testigos de una sombra que hizo acto de presencia en el enigmático pasillo que hay junto a la Capilla.

Registramos varias voces extrañas con nuestras grabadoras, llegando a escuchar algunas con una tremenda claridad. Aparecieron nombres propios y algunos mensajes curiosos que nos impactaron por su claridad. Sin embargo, la manifestación estrella se produjo una vez que comenzamos a abandonar el lugar. Tengo que reconocer que pasamos auténtico terror, sobre todo porque palpamos en nuestras propias carnes que aquello que se estaba manifestando quería por todos los medios que nos quedáramos allí. Fueron unos momentos duros.

Terminamos la investigación y, tras recoger todos los bártulos, nos acercamos hasta el coche.

Nos subimos en el vehículo; Óscar puso la llave en el contacto, arrancó y enchufó su Tablet para poner algo de música.

Tras varios segundos, observamos cómo el aparato se apagó. Óscar volvió a encenderlo y, segundos después, la Tablet se volvió a apagar…

Algo no va bien, dijo el conductor. Todos nos miramos extrañados. En ese momento, el coche comenzó a desplazarse marcha atrás… se movía despacio, muy despacio, como si le costara moverse. El vehículo empezó a echar humo por el tubo de escape, como si el motor trabajase muy forzado.

Tardamos aproximadamente un minuto o dos, no puedo decirlo con exactitud, hasta que Óscar pudo dar la vuelta.

El conductor se giró y nos dijo que algo le pasaba al coche; era como si tuviese puesto el freno de mano y le costase moverse. Lógicamente, el freno estaba quitado y todo, aparentemente, estaba en orden. Sin embargo, el vehículo se comportaba de forma muy extraña.

Cuando comenzamos a salir de allí, el coche daba unos tirones tremendos, como queriéndose apagar. La Tablet seguía apagándose, como si no recibiera la energía suficiente.

Le pregunté al propietario del vehículo si ese comportamiento del coche podía deberse a un problema en la batería, pero me dijo que no. Al parecer ese coche lleva un sistema de seguridad en el cual si la batería falla no te deja ni abrir las puertas. Incluso, las luces del coche alumbraban con intensidad, por lo que todos estábamos atónitos ante aquella, más que preocupante, situación.

Para colmo, ante nosotros se formó una extraña niebla que rodeaba el coche por la parte delantera y que se extendía unos metros. Lo curioso es que seguíamos avanzando a trompicones, y cuando mirabas atrás te dabas cuenta que no había niebla. Era como si esa masa densa se concentrara delante nuestro intentando cortar nuestro paso.

Nos tuvimos que alejar unos quinientos metros de Can Busquets para que la niebla desapareciera, y en ese momento el coche dejó de comportarse de forma extraña. La Tablet ya funcionaba y el vehículo dejó de pegar tirones.

¿Qué pasó aquella tarde-noche en Can Busquets? Pues lo cierto es que no es fácil explicarlo. Sólo sé que había una energía muy intensa que intentaba impedir que saliéramos de allí.

Tiempo después, navegando por la red, llegué a encontrarme con testimonios de personas —algunas de la zona— que aseguraban que los vehículos de motor, en ocasiones se paraban o funcionaban de forma extraña cuando se hallaban por los aledaños de la finca.

Tenemos que tener en cuenta que Can Busquets se encuentra en mitad del campo, tenemos que circular varios kilómetros con un camino de tierra para llegar al lugar.

Ser conocedor de estos rumores, la verdad es que me aportó cierta "tranquilidad", ya que descarté la posibilidad de que nosotros hubiésemos sido los únicos en sufrir ese tormento.

La duda que me asalta en estos momentos es saber si alguien escéptico, que no cree en estos temas, también ha sido testigo del embrujo que trasmite Can Busquets.

Sombras y pasos grabando un documental

Con la productora Tevafilms, grabamos un documental sobre las leyendas y misterios de Can Busquets.

Tras entrevistarnos con personas de la zona, desde vecinos de urbanizaciones próximas, hasta el que por entonces era Primer Teniente Alcalde de Sils, pasando por alguien que nos desveló grandes cuestiones para comprobar que todas las leyendas sangrientas relacionadas a este enclave eran falsas. Me refiero al señor Frigolé; colono que vivió durante décadas allí. Nos explicó que en Can Busquets nació su abuelo, su padre, él mismo, y después nacieron sus hijos.

Jamás ha habido muertes ni sucesos truculentos, según su testimonio, el cual para mí es totalmente fiable.

Una vez que terminamos de grabar a estos testigos nos desplazamos hasta el corazón de la finca. Allí habíamos quedado con Josep Ros y su equipo de investigación. Quisimos vivir una noche de investigación con nuestras cámaras como testigos de excepción.

Comenzamos con la investigación y pronto nos topamos con un fenómeno que parece repetirse a menudo. Varias personas observaron una sombra que se desplazaba por el fondo del misterioso pasillo; como si ésta cruzara entre varias estancias. Lo sorprendente fue que Manuel, quien se hallaba en otra zona del edificio, pudo observar a esta enigmática sombra cómo continuaba el recorrido que sus compañeros habían visto que iniciaba.

Todos coincidían al definir la forma que tenía la silueta y el recorrido que ésta había hecho. Pude verificar que era real ya que yo mismo fui testigo de excepción de dicho fenómeno.

Si tuviera que describirla lo haría así:

«Era una sombra negra, de un metro ochenta de altura aproximadamente. Diría que por su constitución podría ser de un hombre, aunque tampoco puedo asegurarlo.

Tuve incluso la sensación de que tenía cabeza, ya que justo cuando estaba en medio del pasillo, percibí —no sé si fue cosa de la sugestión— cómo se detenía una fracción de segundo, para girar la cabeza hacia la Capilla; lugar donde nos encontrábamos todos menos Manuel».

Continuamos con la investigación, obteniendo resultados interesantes por momentos. Casi al final de la jornada, nuevamente un suceso inquietante nos invadió. En este caso, el testigo principal fue nuevamente Manuel. Para el que no lo sepa puedo decirle que este hombre es alguien muy sensato y bastante escéptico, necesita vivir las cosas por él mismo para creer en ella. Es por eso que confío plenamente en sus palabras y le doy una alta credibilidad a sus experiencias.

La cuestión es que nos encontrábamos realizando nuevas entrevistas con el fin de recoger impresiones de los allí presentes, cuando Manuel nos alertó de algo. Lo explicaba así:

«Estaba aquí viendo las entrevistas, y justo a mi espalda he escuchado varios pasos, como si alguien pisara encima de una roca... me he girado y no he visto nada extraño, así que he seguido mirando las entrevistas. A los pocos segundos he vuelto a escuchar lo mismo. Me he acercado unos metros y, efectivamente, en el lugar de donde procedía el sonido de pasos hay una roca... He seguido mirando la entrevista y por tercera vez he vuelto a oír los pasos.

En definitiva, que a la tercera vez que he escuchado los pasos, ha sido cuando os he avisado».

Sin duda, la presencia de sombras en las ruinas de Can Busquets es bastante frecuente, sobre todo cuando se inicia una investigación de tipo paranormal. ¿Serán espíritus, demonios u otras entidades que desconocemos? Creo que responder esto es complicado, por eso vamos a denominarlas con un nombre que todos conocemos: fantasmas.

Can Busquets es uno de los escenarios más interesantes de los que he investigado en los últimos años. Para mí este lugar está incluido entre los cinco más interesantes dentro del misterio en Catalunya. Mi lista empieza por Torre Salvana, continúa en el Hospital del Tórax, y coloca como tercer lugar a Can Busquets.

El miedo, las sensaciones negativas y la tremenda fenomenología que da cita en esta finca cercana a Sils, hacen de Can Busquets el lugar perfecto para investigar el misterio y pasar miedo.

¿Se atrevería a pasar una noche en el lugar? Sinceramente, no se lo recomiendo. Pero usted verá.

Epílogo

Quiero terminar este libro dedicando el epílogo a todos mis seguidores y amigos en el misterio.

Permitidme que en esta despedida os tutee.

Sin vosotros nada de lo que hago tendría sentido, sois el motor que me mueve a seguir trabajando y escribiendo.

Quiero que sepáis que me esfuerzo al máximo para poder aportar lo mejor de mí. No obstante, comento muchos errores, pues soy un humano imperfecto. Pero sé que vosotros, a pesar de mis fallos y errores, seguís dándome todo el apoyo.

Vuestras muestras de cariño son tan grandes que a veces no sé cómo reaccionar. ¡Os comería a besos!

Aprovechando este apartado me gustaría deciros que si

queréis contar alguna de vuestras experiencias en mis libros o que investigue algún caso que conozcáis de primera mano, no dudéis en poneros en contacto conmigo. Podéis encontrarme en las redes sociales.

Me dedico a esto del misterio para compartir experiencias y teorías con vosotros.

Tenéis que saber que los testigos y los seguidores del misterio son el pilar fundamental y la esencia de todo esto. Nunca lo olvidéis, y si se os acerca alguna "estrella" del misterio con aires de grandeza, recordadle que sin vosotros él no sería nadie.

Desde este breve epílogo, os homenajeo y os agradezco todo lo que hacéis por mí. ¡Os quiero!

Un fuerte abrazo, de todo corazón.

Editorial Segurama.

www.ingramcontent.com/pod-product-compliance
Lightning Source LLC
LaVergne TN
LVHW051635080426
835511LV00016B/2344